Impressum
Verlag: BABADADA GmbH, Nedderfeld 112 , 22529 Hamburg
Geschäftsführer / Verlagsleitung: Harald Hof
Druck: Books on Demand GmbH, In de Tarpen 42, 22848 Norderstedt

Imprint
Publisher: BABADADA GmbH, Nedderfeld 112 , 22529 Hamburg, Germany
Managing Director / Publishing direction: Harald Hof
Print: Books on Demand GmbH, In de Tarpen 42, 22848 Norderstedt, Germany

ቤት-ትምህርቲ

school

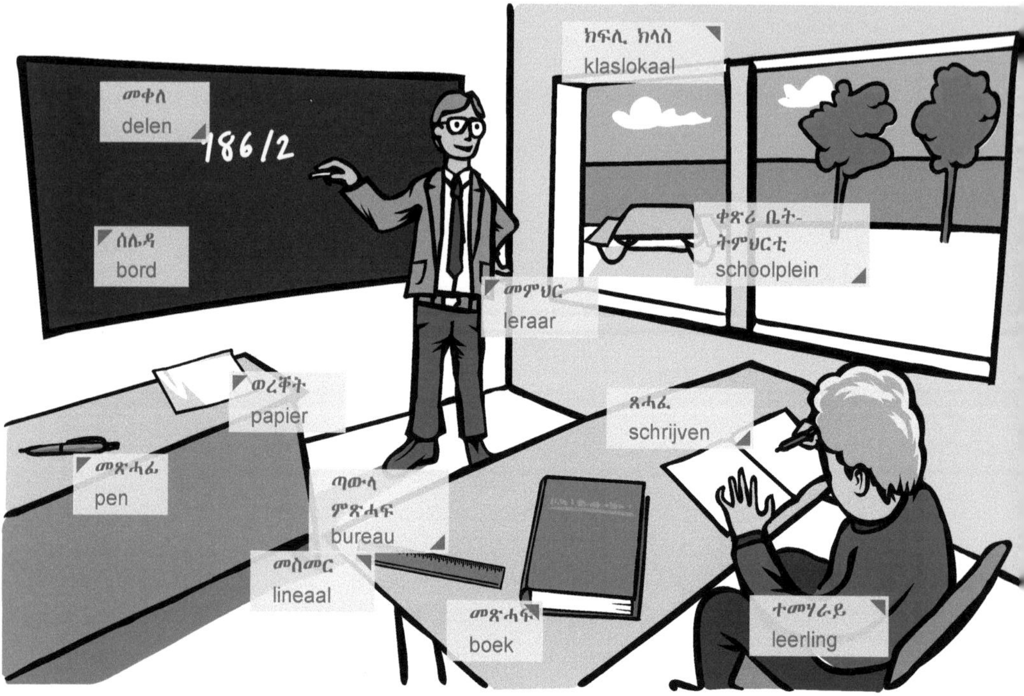
ክፍሊ ክላስ
klaslokaal
መቀለ
delen
186/2
ሰሌዳ
bord
ቀጽሪ ቤት-ትምህርቲ
schoolplein
መምህር
leraar
ወረቐት
papier
ጸሓፈ
schrijven
መጽሓፊ
pen
ጣውላ ምጽሓፍ
bureau
መስመር
lineaal
መጽሓፍ
boek
ተመሃራይ
leerling

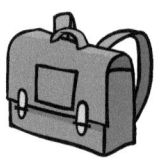

ሳንጣ ትምህርቲ
schooltas

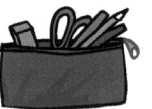

ሰፈር ብርዒ
etui

ርሳስ
potlood

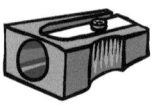

መብልሒ ርሳስ
puntenslijper

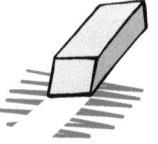

መደምሰሲ
gum

ጥራዝ ስእሊ
schetsblok

ስእሊ.

tekening

ብርዒ ቀለም

penseel

ቦክስ ቀለም

verfdoos

መቀስ

schaar

መጣበቒ

lijm

ጥራዝ መላመዲ.

schrift

ዕዮ ገዛ

huiswerk

12

ቁጽሪ

getal

2+2

ወሰኽ

optellen

5-2

ጎደለ

aftrekken

2×2

ረብሐ

vermenigvuldigen

ደመረ

rekenen

A

ፊደል

letter

ABCDEFG
HIJKLMN
OPQRSTU
VWXYZ

ስርዓት ፊደላት

alfabet

hello

ቃል

woord

ጽሑፍ

tekst

አንበበ

lezen

ኩርሽ

krijt

ሰዓት

les

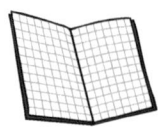

መዝገብ ክላስ

klassenboek

መርመራ

examen

ሰርቲፊከት

diploma

ድቢዛ ቤትትምህርቲ

schooluniform

ትምህርቲ

opleiding

ለክሲኮን

encyclopedie

ዩኒቨርሲቲ

universiteit

ሚክሮስኮፕ

microscoop

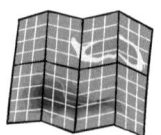

ካርታ

kaart

ጎሓፍ ወረቓት

prullenmand

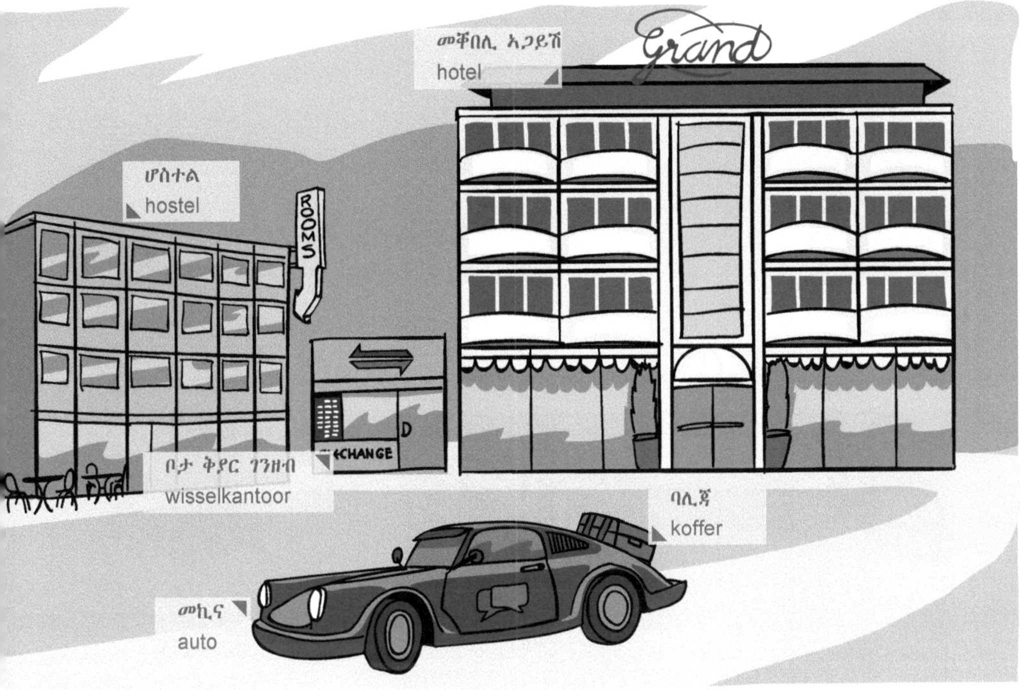

መቐበሊ ኣጋይሽ
hotel
Grand
ሆስተል
hostel
ROOMS
ቦታ ቅያር ገንዘብ
wisselkantoor
ባሊጃ
koffer
መኪና
auto

ቋንቋ
taal

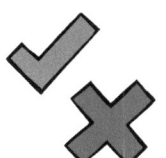

እወ / ኖ
ja / nee

ሕራይ
oké

ሰላም
Hallo!

ኣስተርጓሚ
tolk

የቐንየለይ
Bedankt.

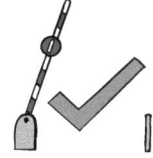

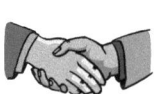

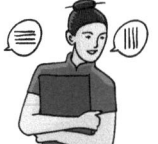

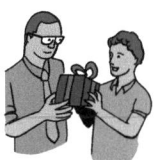

. . . ክንደይ ዋግኡ?

Wat kost ...?

አይተረድአኹን

Ik begrijp het niet.

ሽግር

probleem

ሰላም ምሸት!

Goedenavond!

ከመይ ሓዲርካ

Goedemorgen!

ሰላም ለይቲ

Goedenacht!

ደሓን ኩን

Tot ziens!

አንፈት

richting

ጓዓዝ

bagage

ሳንጣ

tas

ሳንጣ ሕቖ

rugzak

ጋሻ

gast

ክፍሊ

kamer

ክሻ መደቐሲ

slaapzak

ቴንዳ

tent

ሓበሬታ በጸሕቲ ሃገር

VVV-kantoor

ገምገም ባሕሪ

strand

ክሬዲት ካርድ

creditkaart

ቁርሲ

ontbijt

ምሳሕ

lunch

ድራር

diner

ቲከት

kaartje

ሊፍት

lift

ማሕተም ደብዳበ

postzegel

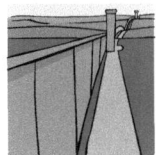

ዶብ

grens

ድንና

douane

ኣምበሲ

ambassade

ቪዛ

visum

ፓስፖርት

paspoort

መጓዓዝያ
transport

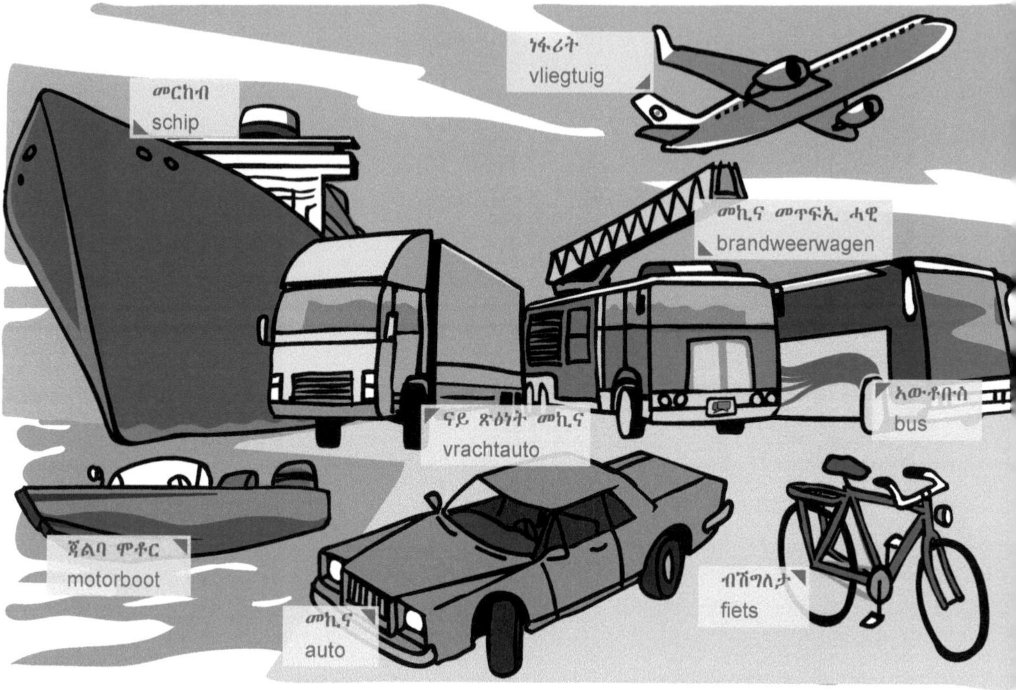

ነፋሪት
vliegtuig
መርከብ
schip
መኪና መጥፋኢ ሓዊ
brandweerwagen
ኣውቶቡስ
bus
ናይ ጽዕነት መኪና
vrachtauto
ጃልባ ሞቶር
motorboot
ብሽግለታ
fiets
መኪና
auto

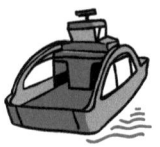

ፈሪ

veerboot

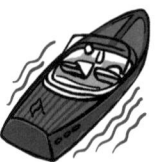

ጃልባ

boot

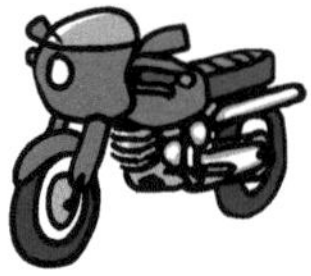

ሞቶ

motorfiets

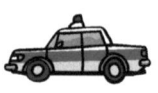

መኪና ፖሊስ

politiewagen

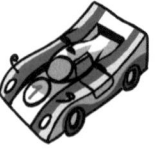

መኪና ቅድድም

raceauto

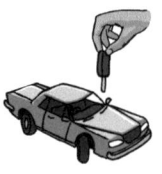

ክራይ መኪና

huurauto

ምውፋይ መካይን

carsharing

መወስዲ መኪና

takelwagen

መኪና ጎሓፍ

vuilniswagen

ሞቶር

motor

ነዳዲ

benzine

እንዳ ነዳዲ

benzinepomp

ምልክት ትራፊክ

verkeersbord

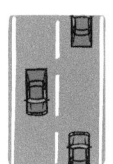

ትራፊክ

verkeer

ምጭቃጫቅ ትራፊክ

file

መዕሸጊ መኪና

parkeerplaats

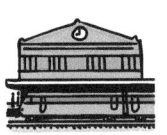

መዕረፊ ባቡር

station

ሓዲግ

rails

ባቡር

trein

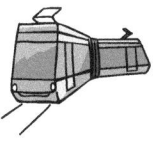

ትረም

tram

ባጎኒ

wagon

ሄሊኮፕተር
helikopter

መዓረፍ ነፈርቲ
luchthaven

ታወር
toren

ተጓዓዚ
passagier

ኮንተይነር
container

ሳንዱቕ ካርቶን
verhuisdoos

ኮርሳ ጽዕነት
kar

ዘንቢል
mand

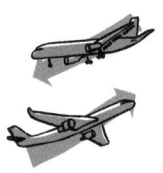

ተበገሰ / ዓለበ
opstijgen / landen

ከተማ
stad

ቀኽሸት
dorp

ማእከል ከተማ
stadscentrum

ገዛ
huis

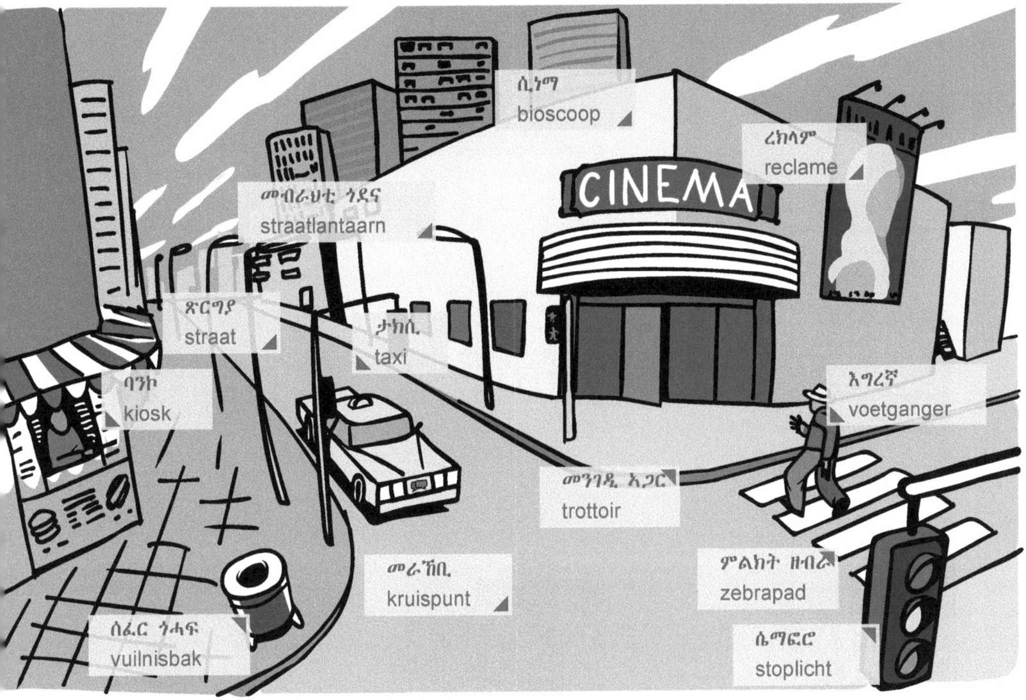

ሲነማ
bioscoop
ረክላም
reclame
CINEMA
መብራህቲ ጎደና
straatlantaarn
ጽርግያ
straat
ታክሲ
taxi
ባንኮ
kiosk
እግረኛ
voetganger
መንገዲ ኣጋር
trottoir
መራኸቢ
kruispunt
ምልክት ዘብራ
zebrapad
ሰፈር ጎሓፍ
vuilnisbak
ሴማፎሮ
stoplicht

ኣጉዶ

hut

ኣፓርትመንት

appartement

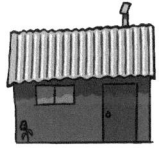

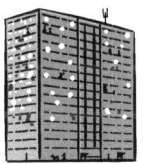

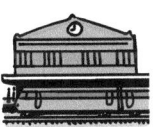

መዕረፊ ባቡር

station

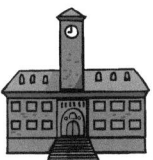

ቤት ምምሕዳር

stadhuis

MUSEUM

ቤተ መዘክር

museum

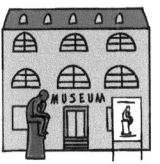

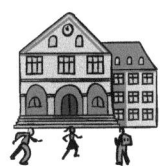

ቤት-ትምህርቲ

school

ዩኒቨርሲቲ

universiteit

ባንክ

bank

ሆስፒታል

ziekenhuis

መቐበሊ ኣጋይሽ

hotel

ቤት መድሃኒት

apotheek

ቤት ጽሕፈት

kantoor

ዱኳን መጽሓፍቲ

boekenwinkel

ዱኳን

winkel

ዱኳን ዕንባባ

bloemenwinkel

ሱፐርማርክት

supermarkt

ዕዳጋ

markt

ሹቕ

warenhuis

ነጋዶይ ዓሳ

visboer

ሹቕ

winkelcentrum

መርሳ

haven

መዘናግዒ
....
park

ባንኪ
....
bank

ድልድል
....
brug

መደያይቦ
....
trap

ባቡር ትሕቲ ምድሪ
....
metro

ቢንቶ
....
tunnel

መዕረፊ ኣውቶቡስ
....
bushalte

ቤት መስተ
....
bar

ቤት-መግቢ
....
restaurant

ስታሪት
....
brievenbus

ታቤላ
....
straatnaambord

ሰዓት ፓርኪንግ
....
parkeermeter

መካነ እንስሳታት
....
dierentuin

መሓምበሲ
....
zwembad

መስጊድ
....
moskee

ቤት ሕርሻ
....
boerderij

ብከላ
....
vervuiling

መቓብር
....
begraafplaats

ቤተክርስትያን
....
kerk

ቦታ ምጽዋት
....
speelplaats

ቤት መቕደስ
....
tempel

ስእሊ መሬት

landschap

አቝጽልቲ
blad

መሕበሪ መገዲ
wegwijzer

መገዲ
weg

ሸኻ
weide

እምኒ
steen

ከብላሊ
wandelaar

አግራብ
boom

ፈለግ
rivier

ሳዕሪ
gras

ዕንባባ
bloem

ስንጭሮ
vallei

ጎበ
berg

ቀላይ
meer

ዱር
bos

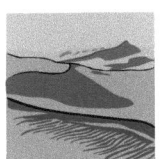

ምድረ በዳ
woestijn

እሳተ-ጎመራ
vulkaan

ግምቢ
kasteel

ቀስተ-ደመና
regenboog

ቃንጥሸ
paddenstoel

ዓርኮብኮባይ
palmboom

ጣንጡ
mug

ሃመማ
vlieg

ጻጻ
mier

ንህቢ
bij

ሳሬት
spin

ሕንዚዝ

kever

ዕንቍርዖብ

kikker

ምጽጹላይ

eekhoorn

ቅንፍዝ

egel

ማንቲለ

haas

ጉንን

uil

ፎሩ

vogel

ስዋን

zwaan

መፍለስ

wild zwijn

ዓጋዘን

hert

ሙስ

eland

ግድብ

stuwdam

ተርባይን ንፋስ

windmolen

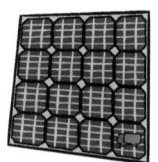

ሶላር ስርሓት

zonnepaneel

ኩነታት አየር

klimaat

ስእሊ መሬት - landschap

ቤት-መግቢ
restaurant

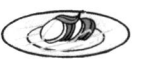

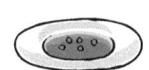

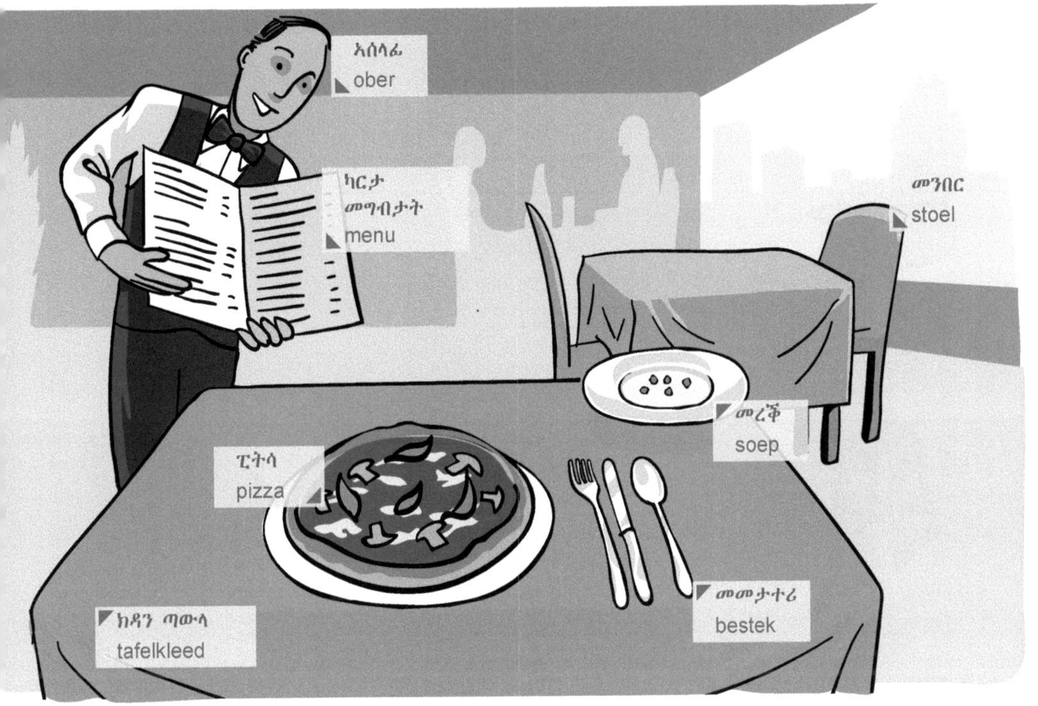

ኣሰላፊ
ober
ካርታ
መግብታት
menu
መንበር
stoel
መረቕ
soep
ፒትሳ
pizza
መመታተሪ
bestek
ክዳን ጣውላ
tafelkleed

ቅድመ ቀንዲ መግቢ
....
voorgerecht

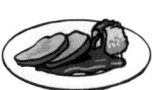

ቀንዲ መኣዲ
....
hoofdgerecht

ድሕረ መግቢ
....
toetje

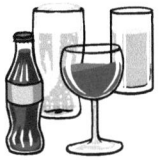

መስተ
....
dranken

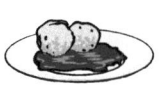

መግቢ
....
eten

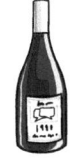

ጥርሙዝ
....
fles

ስሉጥ መግቢ

fastfood

መግቢ ጽርግያ

eetkraampje

ብርጭቆ ሻሂ

theepot

ታኒካ ሽኮር

suikerpot

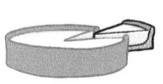

ክፋል

portie

ማሺን ኤስፕረሶ

espressomachine

ነዊሕ መንበር

kinderstoel

ጸብጸብ

rekening

ታብለት

dienblad

ካራ

mes

ፋርከታ

vork

ማንካ

lepel

ማንካ ሻሂ

theelepel

ሰርቭየተ

servet

ብኬሪ

glas

ቤት-መግቢ - restaurant

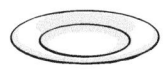

ሸሓኒ

bord

ሸሓኒ መረቕ

soepbord

ትሕቲ ኩባያ

schotel

ጸብሒ

saus

ወሃቢ ጨው

zoutvaatje

መጥሓን በርበረ

pepermolen

ኣቾቶ

azijn

ዘይቲ

olie

ቀመም

kruiden

ከቹፕ

ketchup

ኣድሪ

mosterd

ማዮኒዝ

mayonaise

ሱፐርማርኬት

supermarkt

ወፈያ
aanbieding
FOR
ዓሚል
klant
ፍርያታት ጸባ
zuivelproducten
ፍረታት
fruit
ሰረገላ ዱኳን
winkelwagen

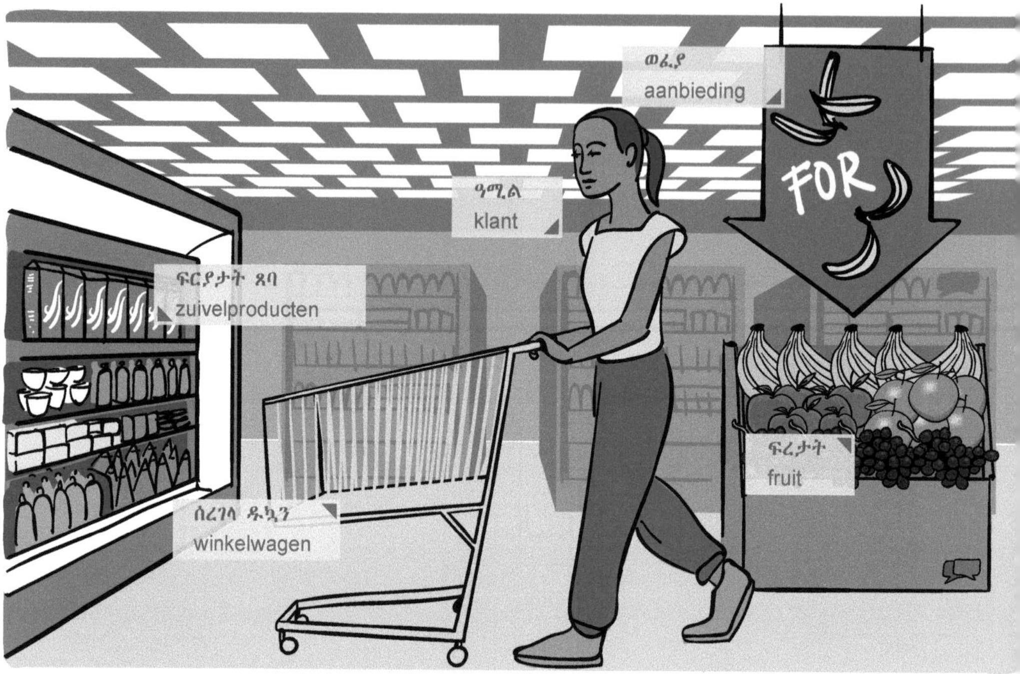

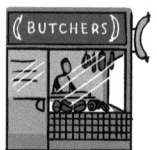

BUTCHERS

እንዳ ስጋ

slager

BAKERY

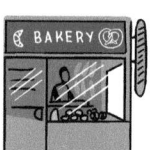

እንዳ ባኒ

bakkerij

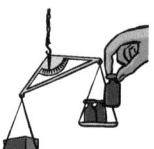

ክብደት

wegen

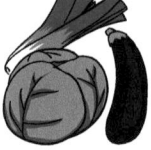

ኣሕምልቲ

groente

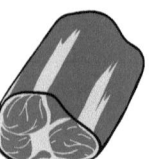

ስጋ

vlees

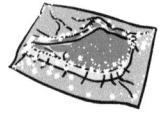

መግቢ ፍሪጅ በረድ

diepvriesproducten

ዝሑል ቅሩብ መግቢ.
....
vleeswaren

እስታፖላ
....
conserven

አሞ
....
wasmiddel

ምቁር መግቢ.
....
snoepgoed

ዘቤታውያን ኣቕሑ
....
huishoudelijke artikelen

ናውቲ መጸረዪ.
....
schoonmaakmiddel

ሸቃጣይ
....
verkoopster

ካሳ
....
kassa

ተሓዝ ገንዘብ
....
kassier

ዝርዝር ምግዛእ
....
boodschappenlijstje

ክፉት ሰዓታት
....
openingstijden

ማሕፉዳ
....
portefeuille

ክረዲት ካርድ
....
creditkaart

ሳንጣ
....
tas

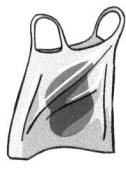

ፌስታል
....
plastic zak

ማይ	ጽማቝ	ጸባ
water	sap	melk

ኮላ	ነቢት	ቢራ
cola	wijn	bier

ኣልኮል	ካካው	ሻሂ
alcohol	chocolademelk	thee

ቡን	ኤስፕረሶ	ካ푑ቺኖ
koffie	espresso	cappuccino

ባናና

banaan

ቱፋሕ

appel

አራንጂ

sinaasappel

ብርጭቆ

watermeloen

ለሚን

citroen

ካሮት

wortel

ጾዕዳ ሽጉርቲ

knoflook

ባምቡስ

bamboe

ሽጉርቲ

ui

ቅንጥሻ

paddenstoel

ፉል

noten

ፓስታ

pasta

ስፓጌቲ

spaghetti

ሩዝ

rijst

ሰላጣ

salade

ቅልዋ ድንሽ

friet

ቅሉው ድንሽ

gebakken aardappelen

ፒትሳ

pizza

ሃምቡርገር

hamburger

ፓኒኖ

sandwich

ቢስተካ

schnitzel

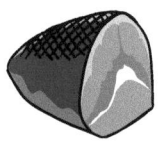

ሰለፍ ሓሰማ

ham

ሳላሚ

salami

ግዕዝም

worst

ደርሆ

kip

ቀለወ

gebraad

ዓሳ

vis

ገዓት

havermout

ሙስሊ

muesli

ኮርንፍለይክስ

cornflakes

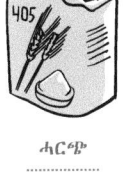

ሓርጭ

meel

ክሮሶን

croissant

ባኒ

broodjes

ባኒ

brood

ቶስት

toast

ብሽኮቲ

koekjes

ጠስሚ

boter

ርጎ

kwark

ፓስተ

taart

እንቋቍሖ

ei

ቅሉው እንቋቍሖ

gebakken ei

ፋርማጆ

kaas

አይስ ክሪም
....
ijs

ሽኮር
....
suiker

መዓር
....
honing

ጃም
....
jam

ኑጋት-ክሪም
....
chocoladepasta

ኩሪ
....
kerrie

ቤት ሕርሻ
boerderij

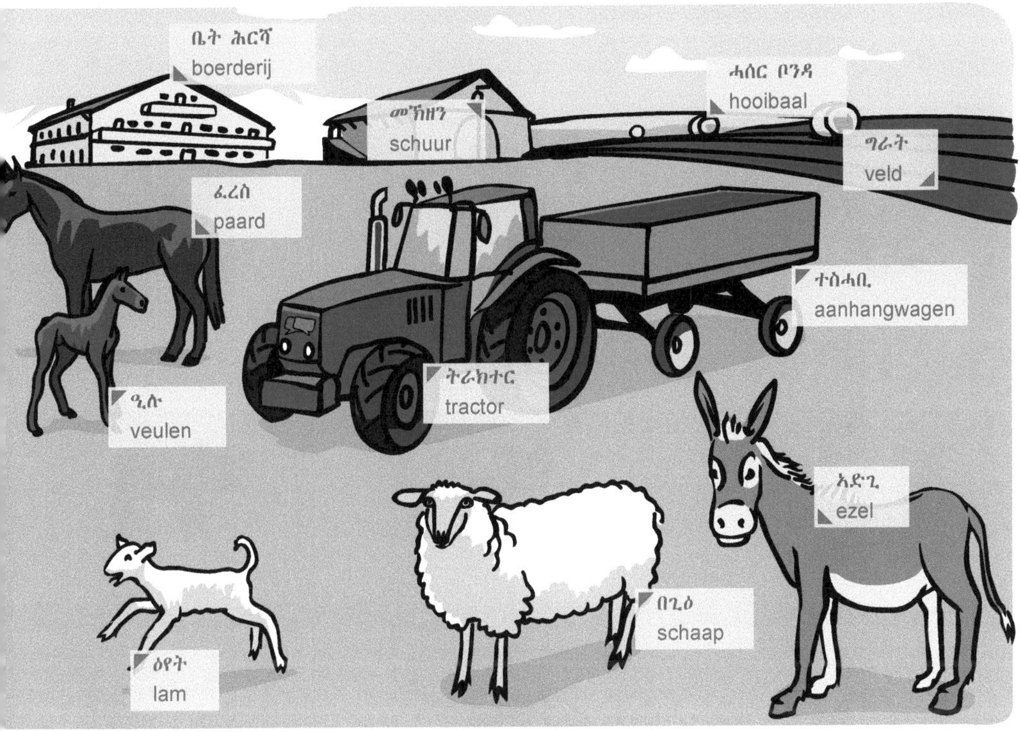

ቤት ሕርሻ
boerderij
መኽዘን
schuur
ሓሰር ቦንዳ
hooibaal
ግራት
veld
ፈረስ
paard
ተስሓቢ
aanhangwagen
ትራክተር
tractor
ዒሉ
veulen
ኣድጊ
ezel
በጊዕ
schaap
ዕየት
lam

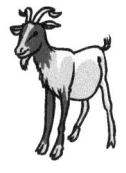

ጤል
geit

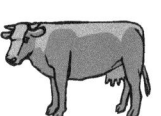

ብዕራይ
koe

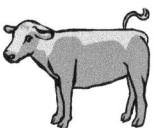

ምራኽ
kalf

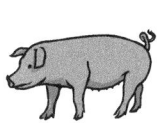

ሓሰማ
varken

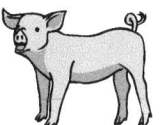

ውላድ ሓሰማ
big

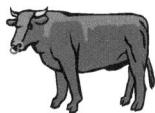

ኣርሓ
stier

ዓሳ
gans

ማይ ደርሆ
eend

ጫቖሊት
kuiken

ደርሆ
kip

ኣርሓ ደርሆ
haan

ኣንጨዋ ዓባይ
rat

ድሙ
kat

ኣንጭዋ
muis

ብዕራይ
os

ከልቢ
hond

ኣጉዶ ከልቢ
hondenhok

ቱባ ጀርዲን
tuinslang

መዝፈሪ ማይ
gieter

ዓቢ ማዕጺድ
zeis

ማሕረሻ
ploeg

ማዕጺድ

sikkel

ጭኽር

schoffel

መስአ

hooivork

ፋስ

bijl

ዓረብያ ኢድ

kruiwagen

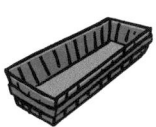

ጋብላ

trog

ብርጭቆ ጸባ

melkbus

ክሻ

zak

ሓጹር

hek

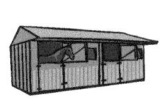

መንሰስ

stal

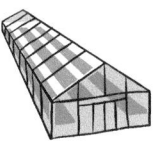

ቆጠልያ ገዛ

broeikas

ባይታ

grond

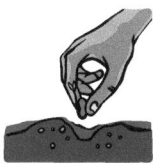

ዘርኢ

zaad

ድኹዒ

mest

ዘጣምር ቀውዓይ

maaidorser

ቀውዐ

oogsten

ጻማ

oogst

ድንሽ ያም

yam

ስርናይ

tarwe

ሶያ

soja

ድንሽ

aardappel

ዕፉን

maïs

ራፕስ

koolzaad

ገረብ ፍረታት

fruitboom

ማኒኦክ

maniok

አእኻል

granen

ገዛ

huis

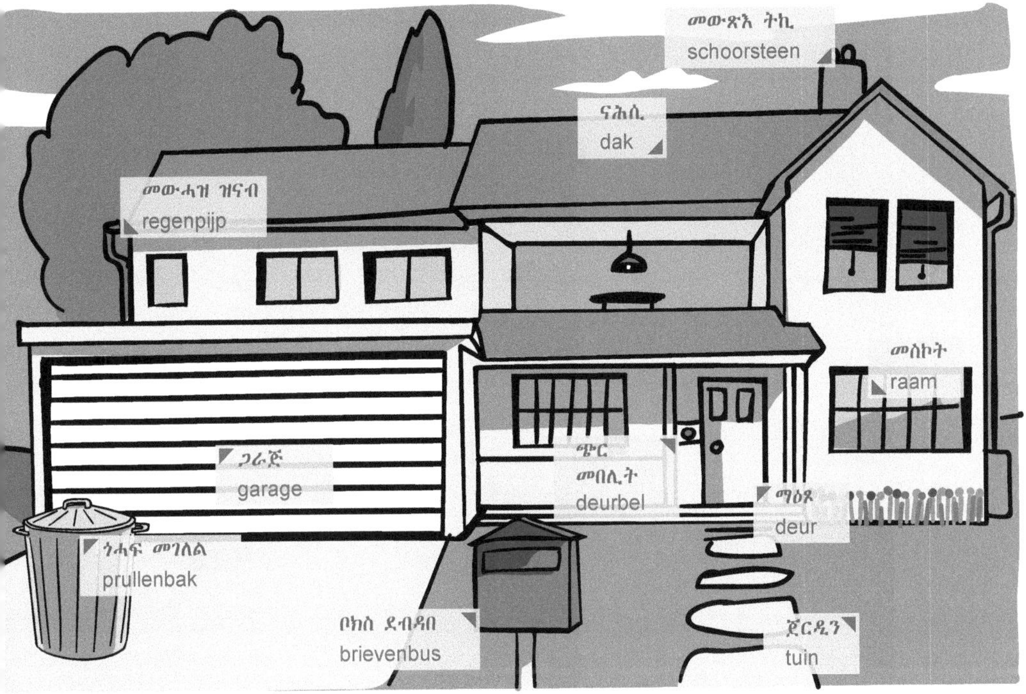

መውጽእ ትኪ
schoorsteen
ናሕሲ
dak
መውሓዝ ዝናብ
regenpijp
መስኮት
raam
ጋራጅ
garage
ጭር መበሊት
deurbel
ማዕጾ
deur
ጎሓፍ መገለል
prullenbak
ቦክስ ደብዳበ
brievenbus
ጀርዲን
tuin

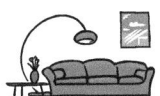

ክፍሊ ምቕማጥ

....

woonkamer

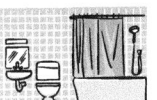

ክፍሊ ባንዮ

....

badkamer

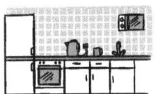

ክሽነ

....

keuken

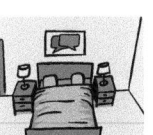

ክፍሊ መደቀሲ

....

slaapkamer

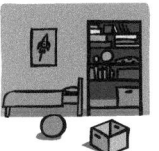

ክፍሊ ቆልዑ

....

kinderkamer

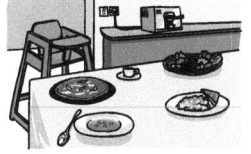

መመገቢ ክፍሊ

....

eetkamer

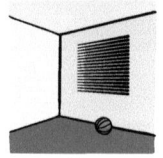

ባይታ
....
vloer

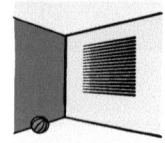

መንደቅ
....
muur

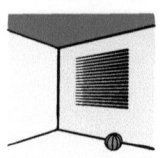

ከቦርታ
....
plafond

ካንቲና
....
kelder

ሳውና
....
sauna

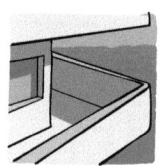

ባልኮን
....
balkon

ዛላ
....
terras

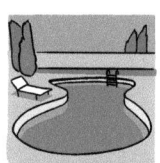

መሕምበሲ
....
zwembad

መቝረጺ ሳዕሪ
....
grasmaaier

አንሶላ ዓራት
....
laken

ከቦርታ ዓራት
....
bedsprei

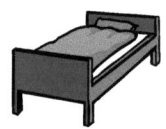

ዓራት
....
bed

መኾስተር
....
bezem

መገለል
....
emmer

መወልዒት
....
schakelaar

ክፍሊ ምቕማጥ

woonkamer

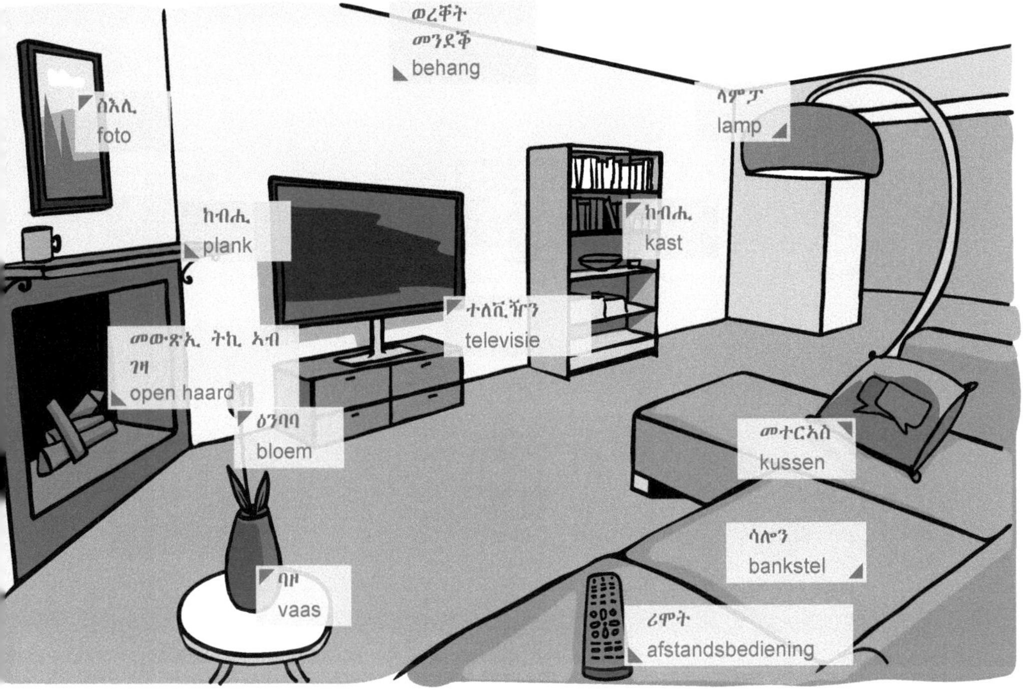

ወረቐት መንደቕ
behang
ስእሊ
foto
ላምፓ
lamp
ከብሒ
plank
ከብሒ
kast
ተለቪዥን
televisie
መውጽኢ ትኪ ኣብ ገዛ
open haard
ዕንባባ
bloem
መተርኣስ
kussen
ሳሎን
bankstel
ባዞ
vaas
ሪሞት
afstandsbediening

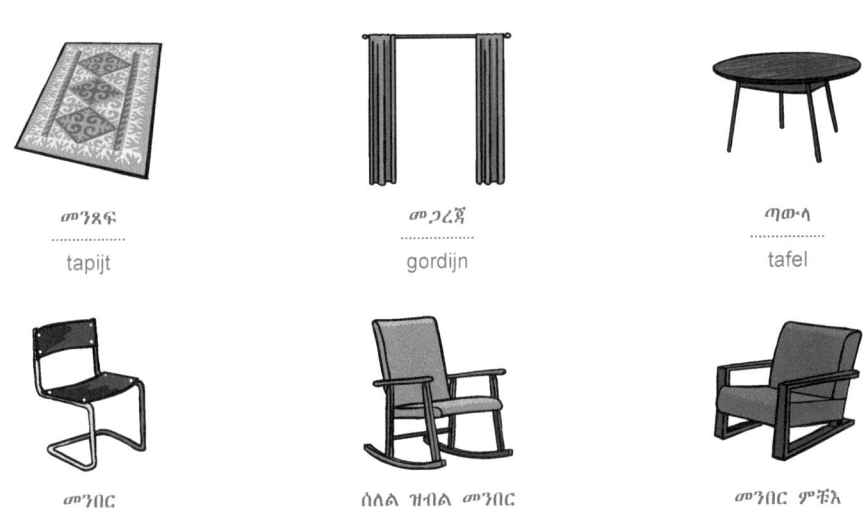

መንጸፍ

tapijt

መጋረጃ

gordijn

ጣውላ

tafel

መንበር

stoel

ሰለል ዝብል መንበር

schommelstoel

መንበር ምቹእ

stoel

መጽሓፍ

boek

ከቦርታ

deken

ስልማት

decoratie

እንጨይቲ ሓዊ

brandhout

ፊልም

film

ስተሪዮ

stereo-installatie

መፍትሕ

sleutel

ጋዜጣ

krant

ቅብአ

schilderij

ፖስተር

poster

ሬድዮ

radio

ጥራዝ

kladblok

መልገሲ ደርና

stofzuiger

በለስ

cactus

ሽምዓ

kaars

ክሽነ

keuken

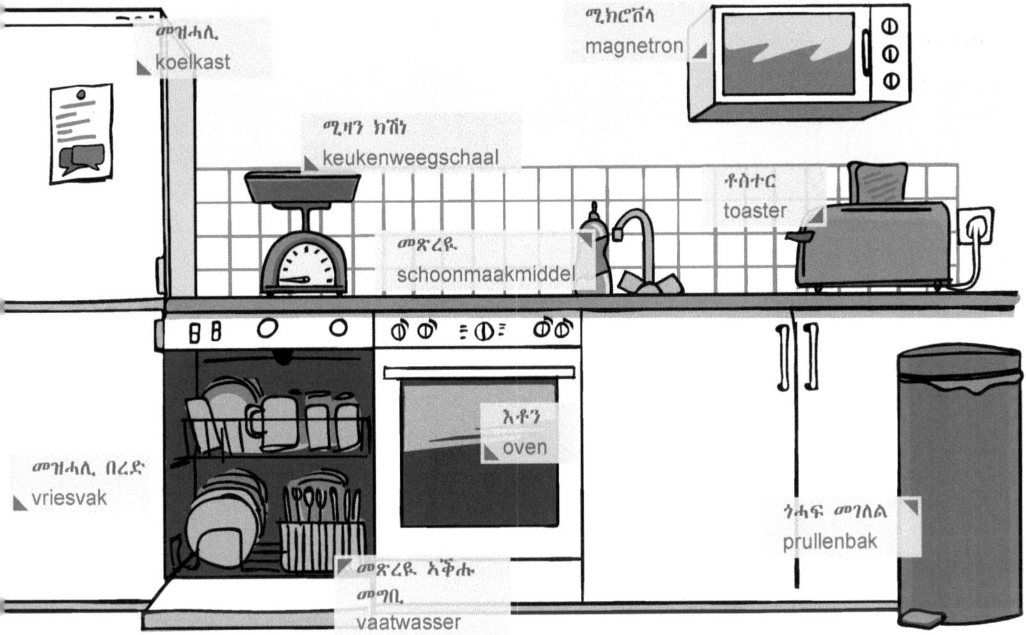

መዝሓሊ
koelkast
ሚክሮቨላ
magnetron
ሚዛን ክሽነ
keukenweegschaal
ቶስተር
toaster
መጽረዩ
schoonmaakmiddel
እቶን
oven
መዝሓሊ በረድ
vriesvak
ጎሓፍ መገለል
prullenbak
መጽረዩ ኣቕሑ መግቢ
vaatwasser

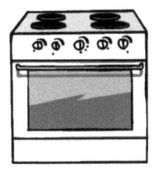

መኽሸኒ

fornuis

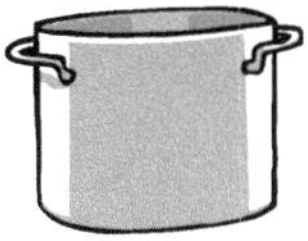

ድስቲ

pan

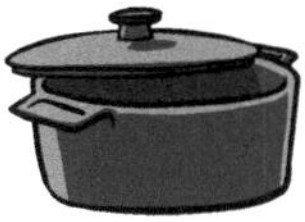

ድስቲ ሓጺን

gietijzeren pan

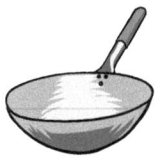

ቮክ/ካዳይ

wok / kadai

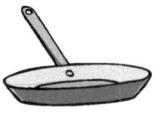

ባደላ

koekenpan

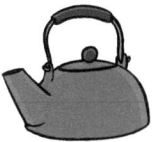

መውዓዪ ማይ

ketel

መፍልሒ

stoomkoker

ጎንቴራ ምስንካት

bakplaat

አቑሑ መግቢ

servies

ብርጭቆ

beker

ጭሓሎ

kom

ማንካቺና

eetstokjes

ማንካ መረቕ

soeplepel

መገልበጢ ባደላ

spatel

መኸስተር ውርጪ

garde

መንፈት መግቢ

vergiet

መንፈት

zeef

መፋሕፍሒ

rasp

ሞርታር

vijzel

ባርቢክዩ

barbecue

ስፍራ ሓዊ

vuurhaard

እንጨይቲ ምምታር

snijplank

እንጨይቲ ኩረር

deegroller

መኽፈት ቡሽ

kurkentrekker

ታኒካ

blik

መኽፈቲ ታኒካ

blikopener

ጨርቂ ድስቲ

pannenlap

ቡዓባ

wasbak

አስባስላ

borstel

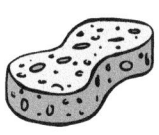

ሰፍነግ

spons

ሓዋሲ አደባላቒ

blender

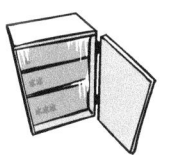

መዝሓሊ በረድ

vriezer

ጥርሙዝ ማማይ

babyflesje

ቡዓባ ማይ

kraan

badkamer

መውዓዪ
verwarming

ሽጎማኖ
handdoek

መሕጸቢ ዓፍራ
bubbelbad

ባንዮ መሕጸቢ
bad

ሓጻቢት
wasmachine

ድስቲ
potje

ማቶነላ
tegels

መሕጸቢ ሻወር
douche

ሻወር መጋረጃ
douchegordijn

ብኬሪ
glas

ቡምባ ማይ
kraan

ቡምባ
wasbak

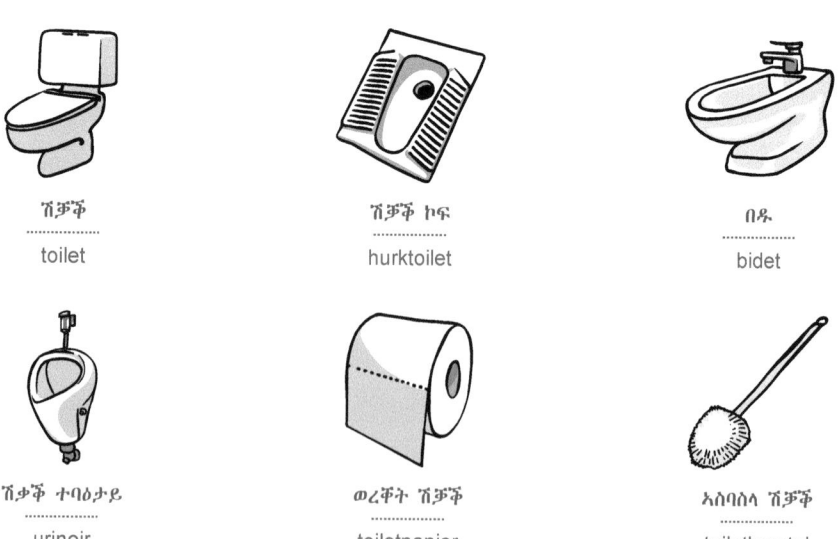

ሽቓቕ	ሽቓቕ ኮፍ	በዱ
toilet	hurktoilet	bidet

ሽቓቕ ተባዕታይ	ወረቐት ሽቓቕ	ኣስባስላ ሽቓቕ
urinoir	toiletpapier	toiletborstel

አስባስላ ስኒ

tandenborstel

ክረማ ስኒ

tandpasta

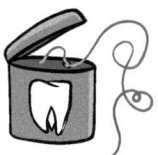

ሃሪ ስኒ

flosdraad

ሓጸበ

wassen

ዱሽ ኢ.ድ

handdouche

ዱሽ

toiletdouche

ብርጭቆ ምሕጸብ

waskom

አስባስላ ሕቆ

rugborstel

ሳምና

zeep

ሻወር ጀል

douchegel

ሻምፑ

shampoo

ጨርቂ መሕጸቢ

washanje

መውሓዚ

afvoer

ክረማ

creme

ደዮ ጨና

deodorant

መስትያት
....
spiegel

ናይ ኢድ መስትያት
....
make-upspiegel

መላጸ
....
scheermes

ዓፍራ ምልጻይ
....
scheerschuim

ጨና ድሕሪ ምልጻይ
....
aftershave

መመሸጥ
....
kam

አስባስላ
....
borstel

መንቐዲ ጸግሪ
....
haardroger

ስፕረይ ጸግሪ
....
haarspray

መመላኽዒ
....
make-up

ብርዒ ቀለም ከንፈር
....
lippenstift

አዝማላቶ
....
nagellak

ጻምሪ ጡጥ
....
watten

መስደዲ ጽፍሪ
....
nagelschaartje

ጨና
....
parfum

ሳንጣ መሕጸቢ
toilettas

ድኳ
kruk

ሚዛን
weegschaal

ክዳን መሕጸቢ
badjas

ንንቲ መጸረዪ
rubber handschoenen

ታምፖን
tampon

ጨርቂ ሰበይቲ
maandverband

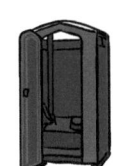

ሸቻቑ ከሚስትሪ
chemisch toilet

ክፍሊ ቆልዑ
kinderkamer

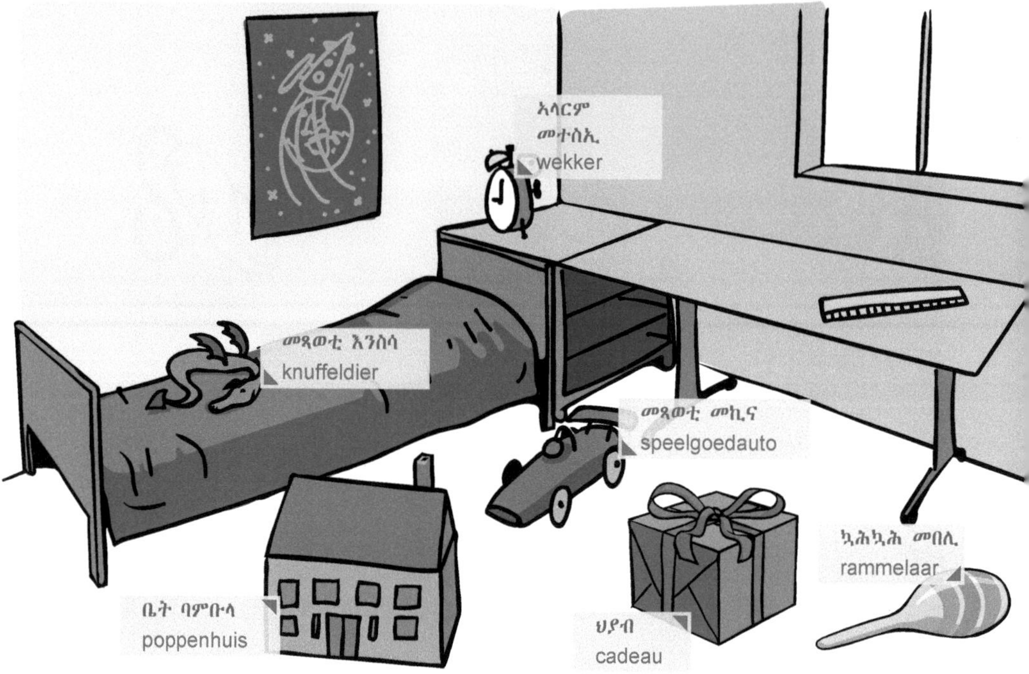
ኣላርም መተስኢ
wekker
መጻወቲ እንስሳ
knuffeldier
መጻወቲ መኪና
speelgoedauto
ኳሕኳሕ መበሊ
rammelaar
ቤት ባምቡላ
poppenhuis
ህያብ
cadeau

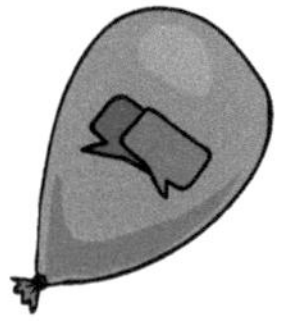

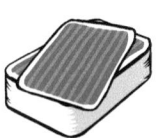

ባላንችና

ballon

ዓራት

bed

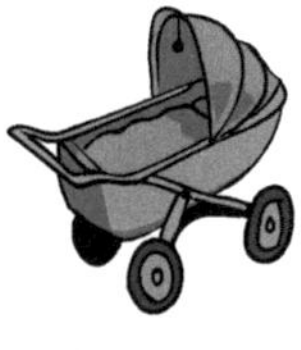

ሰረገላ ህጻን

kinderwagen

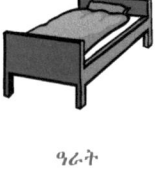

ጸወታ ካርታ

kaartspel

ሕንቅሊተይ

puzzel

SUPER MEGA

ኮሜዲ

stripverhaal

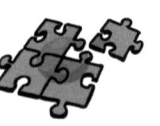

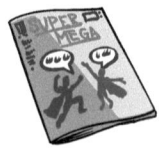

እምንታት መጻወቲ ለጎ
....
legostenen

መጻወቲ እምንታት
....
speelgoedblokken

በዓል አክቶን
....
actiefiguurtje

ክዳን ማማይ
....
romper

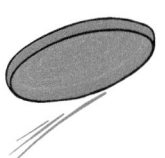

ፍሪስቢ
....
frisbee

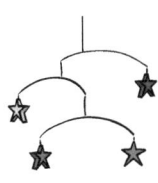

ሞባይል ማማይ
....
mobile

ጸወታ ሰሌዳ
....
bordspel

ኩቦ
....
dobbelsteen

ሞደል ባቡር ምድሪ
....
modeltrein

ዓባስ
....
speen

ፓርቲ
....
feestje

መጽሓፍ ስእሊ
....
prentenboek

ኩዕሶ
....
bal

ባምቡላ
....
pop

ተጻወተ
....
spelen

መጻወቲ ሑጻ

zandbak

ሰላል

schommel

መጻወቲታት

speelgoed

ኮንሶል ቪድዮ

spelcomputer

መጻወቲ ሰለስተ መንኮርኮር

driewieler

ተዲ

teddybeer

ከብሒ ክዳን

kleerkast

ክዳን

kleding

ካልስታት

sokken

ነዊሕ ካልስታት

kousen

ስረ ካልሲ

panty

ሻርባ
sjaal

ጽላል
paraplu

ቁልፊ
riem

ማልያ
T-shirt

ስኒከርስ
sportschoenen

ረፋዕ
laarzen

ጫማ ገዝ
pantoffels

ሽበጥ
....
sandalen

ጫማ
....
schoenen

ረፋዕ ጎማ
....
rubberlaarzen

ሙታንታ
....
onderbroek

ክዳን ጡብ
....
beha

ትሕተ ካሚቻ
....
onderhemd

ቦዲ

body

ስረ

broek

ጂንስ

spijkerbroek

ቀምሽ

rok

ካምቻ

blouse

ካሚቻ

overhemd

ጉልፎ

trui

ጎልፎ

hoody

ጃኬት

blazer

ጃከት

jas

ጁባ

mantel

ክዳን ዝናብ

regenjas

ኮስቱም

kostuum

ቀምሽ

jurk

ቀምሽ መርዓ

trouwjurk

ልብሲ.

pak

ካሚቻ ለይቲ

nachthemd

ክዳን ለይቲ

pyjama

ሳሪ

sari

መሃረብ ርእሲ.

hoofddoek

ቱርባን

tulband

ቡርካ

boerka

ካፍታን

kaftan

አባያ

abaja

ክዳን መሕበሲ.

zwempak

ስረ መሕበሲ.

zwembroek

ሓጺር ስረ

korte broek

ክዳን ታዕሊም

trainingspak

በጃ ክዳን

schort

ጓንቲ

handschoenen

መልጎም

knoop

መነጽር

bril

በንናጅር

armband

ማዕተብ

ketting

ቀለበት

ring

ኩትሻ

oorbel

ቆብዕ

pet

መንበሪ ጁባ

kledinghanger

ባርኔጣ

hoed

ካራሻት

stropdas

ሽርኔጣ

rits

ሀልመት

helm

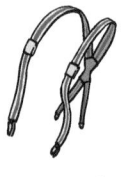

መድልድል ስረ

bretels

ድቢዛ ቤትትምህርቲ

schooluniform

ድቢዛ

uniform

ሰደርያ ቆልዓ

slabbetje

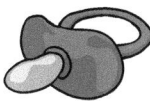

ዓባስ

speen

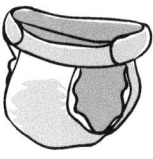

ጨርቂ ማማይ

luier

ቤት ጽሕፈት
kantoor

ሰርቨር
server

ከብሒ ሰነድ
archiefkast

ፕሪንተር
printer

ሞኒቶር
beeldscherm

ወረቐት
papier

ጣውላ
ምጽሓፍ
bureau

አንጭዋ
muis

ሓጿሬ
map

ኪቦርድ
toetsenbord

ጐሓፍ ወረቐት
prullenmand

ኮምፒተር
computer

መንበር
stoel

ብርጭቆ ቡን

koffiemok

ካልኩለተር

rekenmachine

ኢንተርነት

internet

ለፕቶፕ

laptop

ደብዳበ

brief

መልእኽቲ

bericht

ሞባይል

mobiele telefoon

ነትወርክ/መርበብ

netwerk

መቅድሒ ፎቶኮፒ

kopieermachine

ሶፍትዌር

software

ተለፎን

telefoon

ሶከት ኻረንቲ

stopcontact

ፋክስ

fax

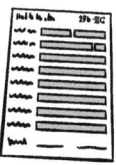

ፎርም

formulier

ሰነድ

document

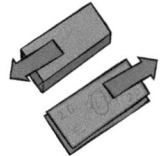

ገዝአ

kopen

ከፈለ

betalen

ንግዲ

handel drijven

ገንዘብ

geld

ዶላር

dollar

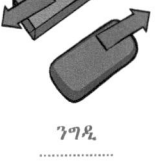

ኦይሮ

euro

የን

yen

ሩብል

roebel

ስዊዝ ፍራንከን

Zwitserse frank

ረንሚንቢ ዩዋን

renminbi yuan

ሩፒየ

roepie

መውጽኢ ማሺን ገንዘብ

geldautomaat

ቦታ ቅያር ገንዘብ

wisselkantoor

ወርቂ

goud

ብሩር

zilver

ዘይቲ

olie

ሓይሊ

energie

ዋጋ

prijs

ውዕል

contract

ቀረጽ

belasting

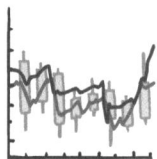

እኩብ ጥረ-ነገራት

aandeel

ሰርሐ

werken

ሰራሕተኛ

werknemer

ኣስራሒ

werkgever

ትካል

fabriek

ዱኳን

winkel

በዓል ፖሊስ
politieagent

መጠፊኢ ሓዊ
brandweerman

ከሻኒ
kok

ሓኪም
dokter

መራሒ ነፋሪት
piloot

ሰራሕተኛ ጀርዲን
tuinman

ጸራቢ ዕንጸይቲ
timmerman

ሰፋይት
naaister

ፈራዳይ
rechter

ቀማሚ
scheikundige

ተዋሳኢ
toneelspeler

መራሒ አዉቶቡስ

buschauffeur

አዉቲስታ ታክሲ

taxichauffeur

ገፋፈ ዓሳ

visser

ጸራጊት

schoonmaakster

ሃናጻይ ናሕሲ

dakdekker

አሰላፊ

ober

ሃዳናይ

jager

ሰአላይ

schilder

እንዳ ሕብስቲ

bakker

ኤለትሪከኛ

elektricien

ሃናጺ አባይቲ

bouwvakker

ሃንዳሲ

ingenieur

ሰራሕተኛ እንዳ ስጋ

slager

ድራብሊኮ

loodgieter

አማላላሲ ፖስጣ

postbode

ወተሃደር
....
soldaat

መሃንድስ
....
architect

ተሓዛ ገንዘብ
....
kassier

ሰራሕተኛ ዕምባባ
....
bloemist

ቀም ቃማይ
....
kapper

ፈተሪኖ
....
conducteur

መካኒክ
....
monteur

መራሒ መርከብ
....
kapitein

ሓኪም ስኒ
....
tandarts

ተመራማሪ
....
wetenschapper

ራቢ
....
rabbi

ኢማም
....
imam

ፈላሲ
....
monnik

ቀሺ
....
pastoor

ናውቲ

gereedschap

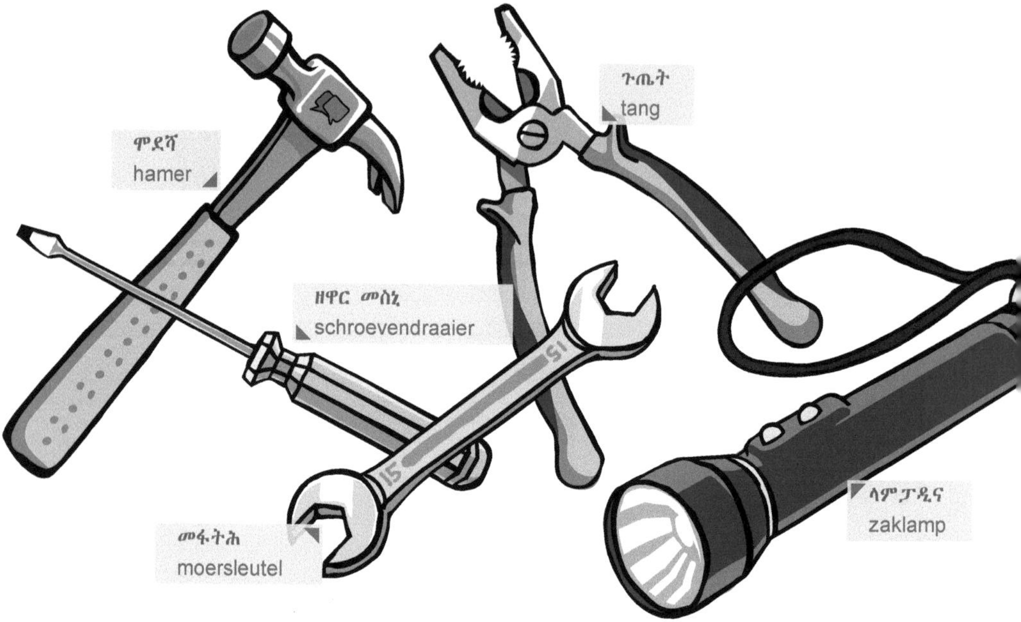
ሞደሻ
hamer
ጉጤት
tang
ዘዋር መስኒ
schroevendraaier
መፋትሕ
moersleutel
ላምፓዲና
zaklamp

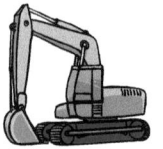

ፈሓሪ

graafmachine

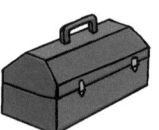

ናውቲ ቦክስ

gereedschapskist

መደያይቦ

ladder

መጋዝ

zaag

መስማር

spijkers

ኰዓቲ

boor

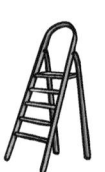

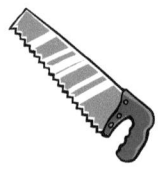

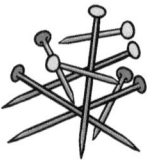

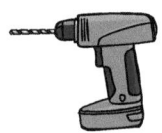

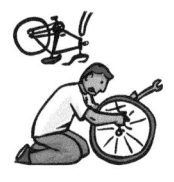

ምዕራይ

repareren

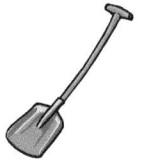

ባደላ

schep

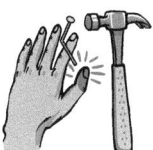

ኣይ!

Verdorie!

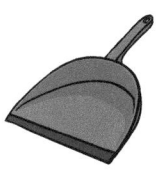

መትሓዚ ዶሮና

stofblik

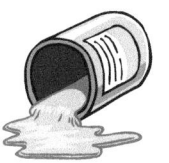

ድስቲ ቀለም

verfpot

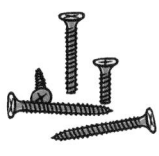

ካቻቢተ

schroeven

መሳርሒ ሙዚቃ

muziekinstrumenten

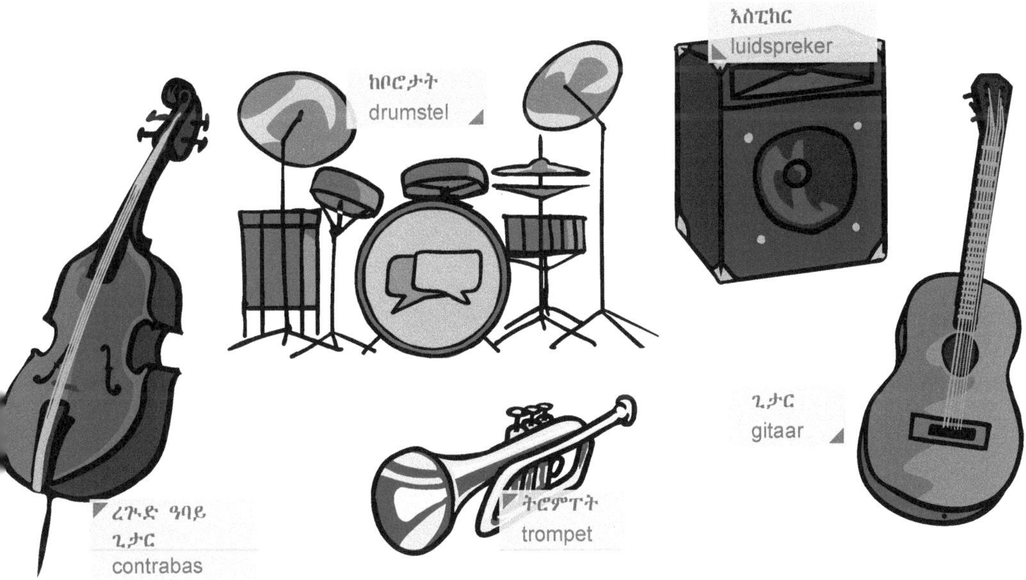
እስፒከር
luidspreker
ከቦሮታት
drumstel
ጊታር
gitaar
ረጐድ ዓባይ ጊታር
contrabas
ትሮምፐት
trompet

ፒያኖ
piano

ቪዮሊን
viool

ባስ ጊታር
bas

ቲምንኢ
pauk

ከበሮ
trommel

ኦርጋን
keyboard

ሳክሶፎን
saxofoon

ሻምብቆ
fluit

ሚክሮፎን
microfoon

መካነ እንስሳታት

dierentuin

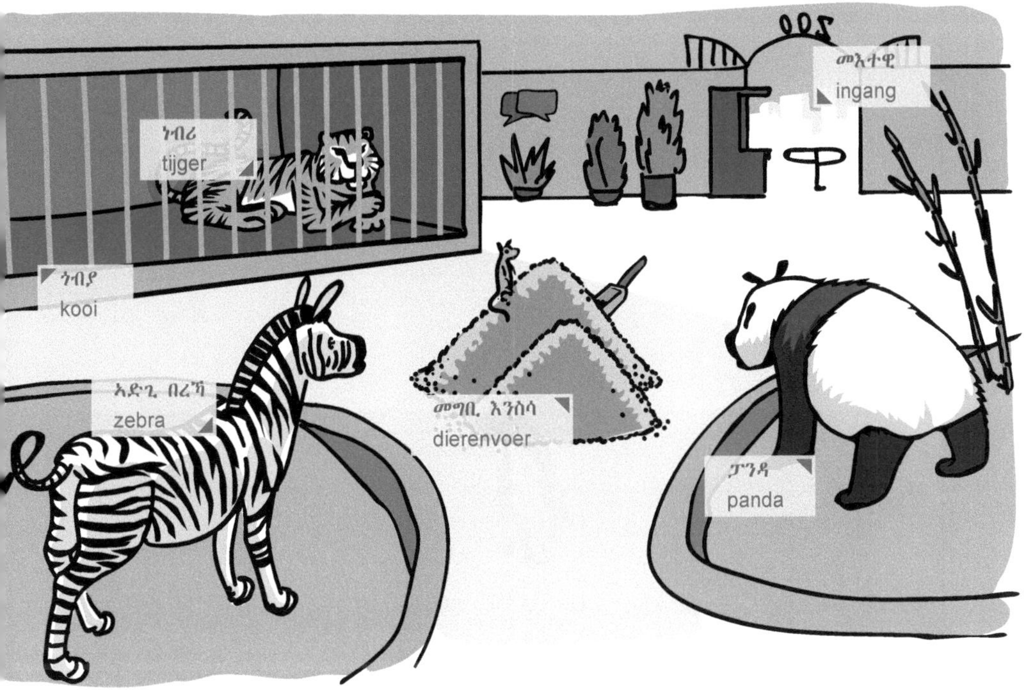
ነብሪ
tijger
መእተዊ
ingang
ጎብያ
kooi
ኣድጊ በረኻ
zebra
መግቢ እንስሳ
dierenvoer
ፓንዳ
panda

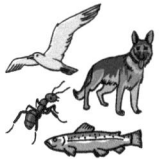

እንስሳታት

dieren

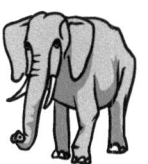

ሓርማዝ

olifant

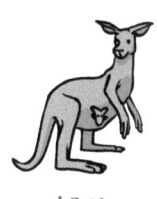

ካንጋሩ

kangoeroe

ሓሪሽ

neushoorn

ጉሪላ

gorilla

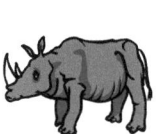

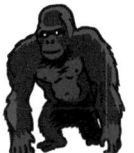

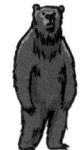

ድቢ

beer

ገመል

kameel

ሰገን

struisvogel

አንበሳ

leeuw

ህበይ

aap

ፍላሚንጎ

flamingo

ሕንጻይ

papegaai

ድቢ በረድ

ijsbeer

ፐንጉን

pinguïn

ክልቢ ዓሳ

haai

ጣውስ

pauw

ተመን

slang

ሓርጊጽ

krokodil

ሓላዊ ቤት ገርድሽ

dierenverzorger

ዓሳ ዚምገብ እንስሳ ባሕሪ

zeehond

ጃጓር

jaguar

ሓጹር ፈረስ

pony

ነብሪ

luipaard

ጉማሬ

nijlpaard

ጂራፍ

giraffe

ሊላ

adelaar

መፍለስ

wild zwijn

ዓሳ

vis

ኑብየ

schildpad

ዋልሩስ

walrus

ወኸርያ

vos

ሰስሓ

gazelle

ናይ አሜሪካ ኩዕሶ እግሪ
American football

ም ዝዋር ብሽግለታ
wielrennen

ተኒስ
tennis

ባስከትባል
basketbal

ም ሕምባስ
zwemmen

ሆኪ በረድ
ijshockey

ቦክሲንግ
boksen

ኩዕሶ እግሪ
voetbal

ባድሚንቶን
badminton

እስፖርታዊ ንጥፈታት
atletiek

ኩዕሶ ኢድ
handbal

ስኪ
skiën

ፖሎ
polo

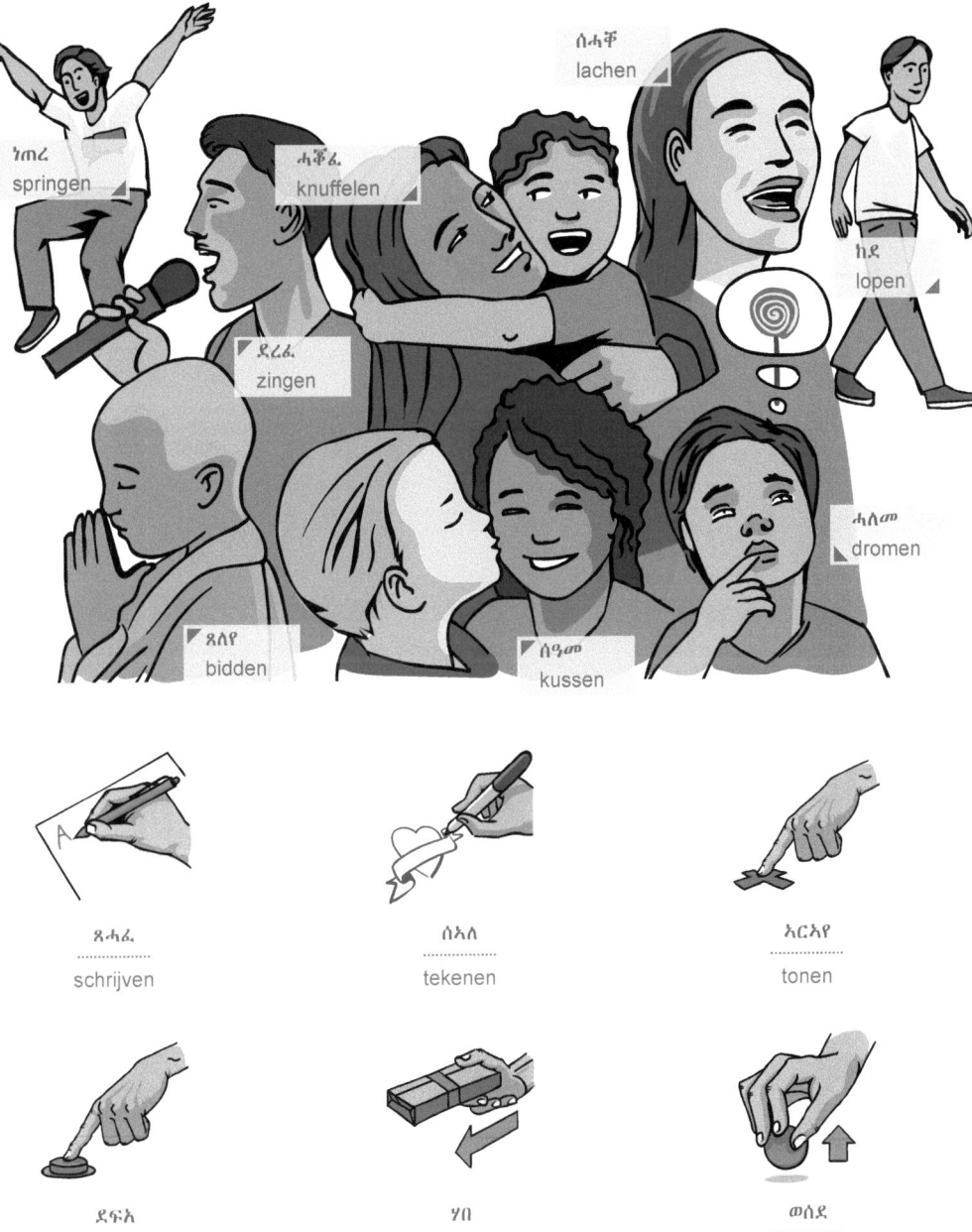

ሰሓቅ
lachen

ነጠረ
springen

ሓቖፈ
knuffelen

ደረፈ
zingen

ኪድ
lopen

ሓለመ
dromen

ጸለየ
bidden

ሰዓመ
kussen

ጸሓፈ
schrijven

ሰአለ
tekenen

ኣርአየ
tonen

ደፍአ
duwen

ሃበ
geven

ወሰደ
oppakken

አለወ

hebben

ገበረ

doen

ኮነ

zijn

ጠጠው በለ

staan

ጎየየ

rennen

ሰሓበ

trekken

ሰንደወ

gooien

ወደቐ

vallen

ሓሰወ

liggen

ተጸበየ

wachten

ሰከም

dragen

ኮፍ በለ

zitten

ተኸድነ

aankleden

ደቀሰ

slapen

ተስአ

wakker worden

ረኣየ

bekijken

በኸየ

huilen

ብኣጻብዑ ደረዘ

strelen

መሸጠ

kammen

ተዛረበ

praten

ተረድአ

begrijpen

ሓተተ

vragen

ሰምዐ

horen

ሰተየ

drinken

በልዐ

eten

ኣጽመጠ

opruimen

ኣፍቀረ

houden van

ከሸነ

koken

ዘወረ

rijden

ነፈረ

vliegen

ብመርከብ ገየሽ

zeilen

ደመረ

rekenen

አንበበ

lezen

ተመሃረ

leren

ሰርሐ

werken

መርዓወ

trouwen

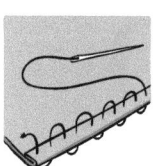

ሰፈየ

naaien

ጽሬት አስናን

tandenpoetsen

ቀተለ

doden

ሽጋራ ተከኸ

roken

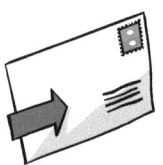

ሰደደ

verzenden

ዓባየ
grootmoeder

አቦሓጎ
grootvader

አቦ
vader

አደ
moeder

ማማይ
baby

ጓል
dochter

ወዲ
zoon

ጋሻ

gast

ሓትኖ

tante

አኮ

oom

ሓው

broer

ሓፍቲ

zus

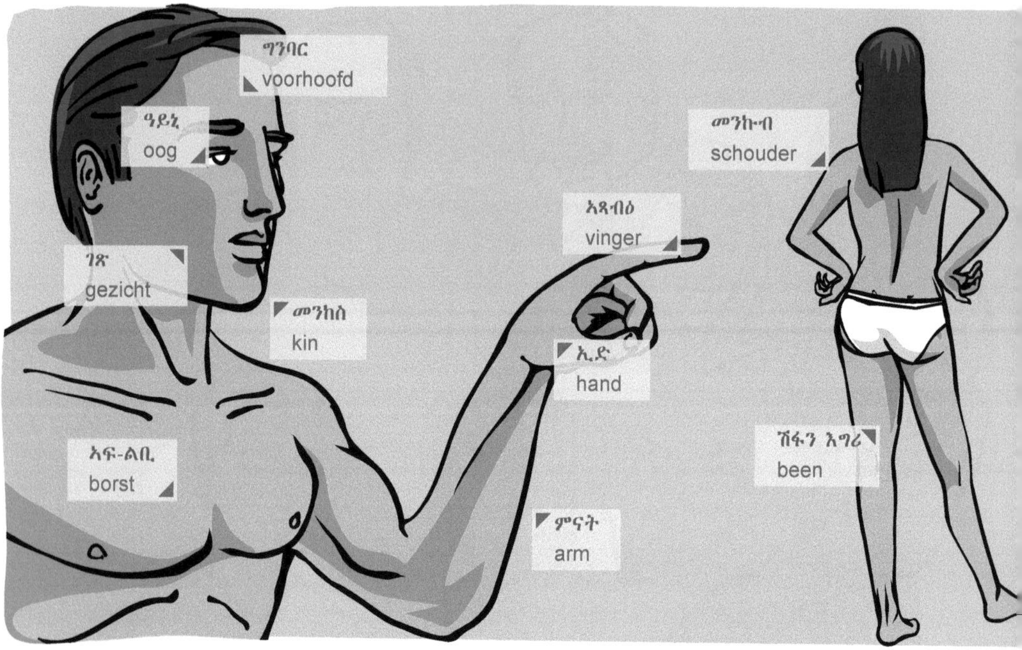

ግንባር
voorhoofd

ዓይኒ
oog

መንኲብ
schouder

ኣጻብዕ
vinger

ገጽ
gezicht

መንከስ
kin

ኢድ
hand

ኣፍ-ልቢ
borst

ሽፋን እግሪ
been

ምናት
arm

ማማይ

baby

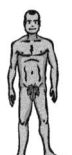

ሰብኣይ

man

ሰበይቲ

vrouw

ጓል

meisje

ወዲ

jongen

ርእሲ

hoofd

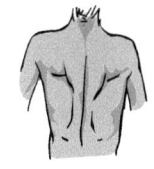

ሕቖ
....
rug

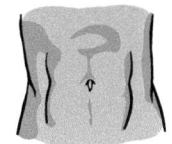

ከስዐ
....
buik

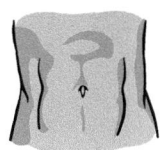

ሕምብርቲ
....
navel

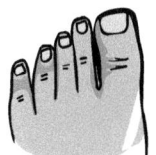

ኣጻብዕ እግሪ
....
teen

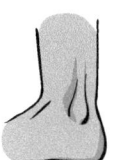

ኩርኵረ
....
hiel

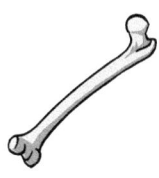

ዓጽሚ
....
bot

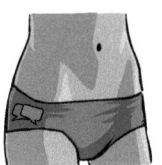

ምሕኵልቲ
....
heup

ብርኪ
....
knie

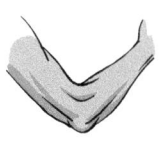

ፍግፍጕ
....
elleboog

ኣፍንጫ
....
neus

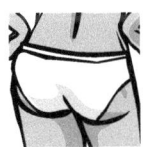

መዓኮር
....
achterwerk

ቆርበት
....
huid

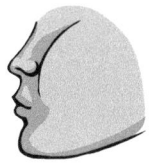

ምዕጉርቲ
....
wang

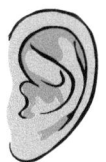

እዝኒ
....
oor

ከንፈር
....
lippen

አፍ
mond

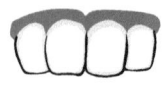

ስኒ
tand

መልሓስ
tong

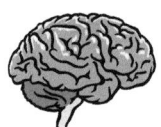

ሓንጎል
hersenen

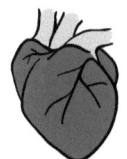

ልቢ
hart

ጭዋዳ
spier

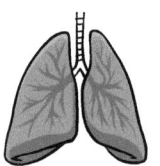

ሳንቡእ
long

ጸላም ከብዲ
lever

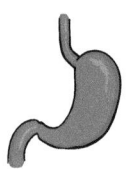

ከብዲ
maag

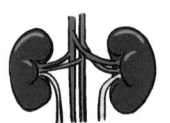

ኮሊት
nieren

ግብረ ስጋ
geslachtsgemeenschap

ኮንዶም
condoom

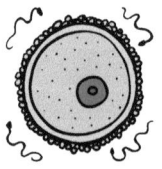

እንቋቖነሓ
eicel

ዘርኢ ተባዕታይ
sperma

ጥንሲ
zwangerschap

አካላት - lichaam

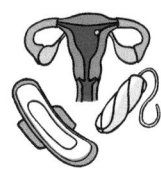

ጽግያት
....
menstruatie

ርሕሚ
....
vagina

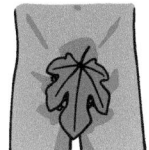

መትሎ
....
penis

ሽፋሽፍቲ
....
wenkbrauw

ጸጉሪ
....
haar

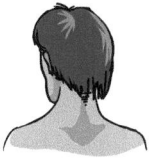

ክሳድ
....
hals

ሆስፒታል

ziekenhuis

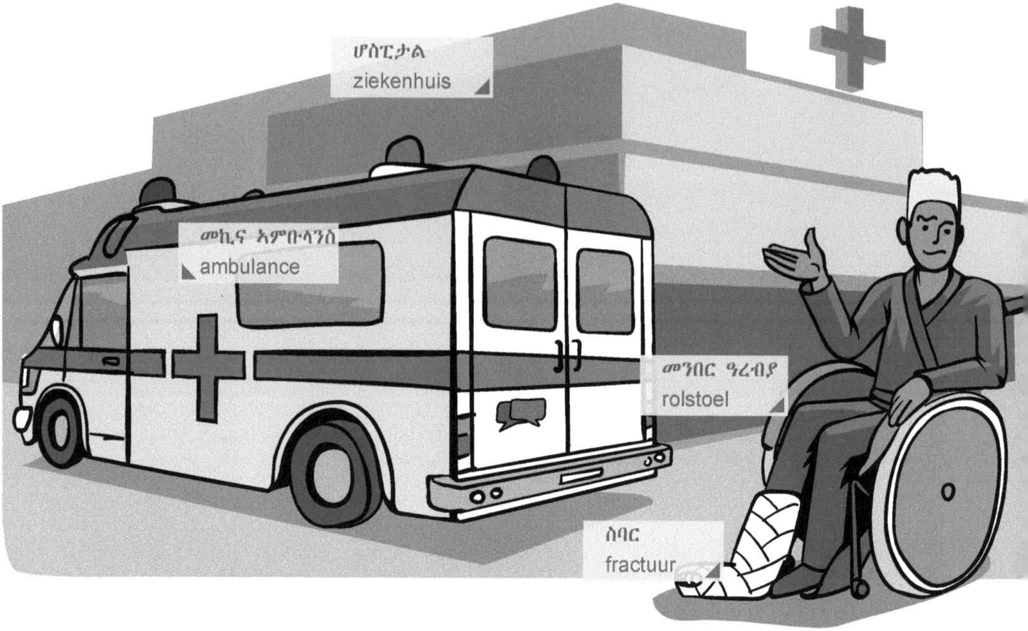

ሆስፒታል
ziekenhuis
መኪና ኣምቡላንስ
ambulance
መንበር ዓረብያ
rolstoel
ስባር
fractuur

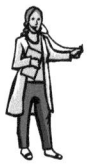

ሓኪም

dokter

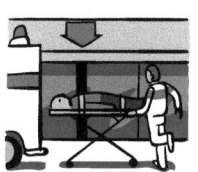

ክፍሊ ህጹጽ ረድኤት

EHBO

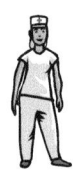

ኣላይት

verpleegster

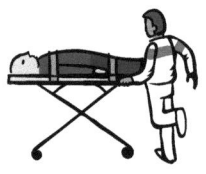

ህጹጽ ኩነት

noodgeval

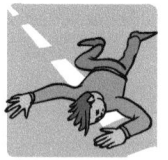

ውነኡ ዘጥፍአ

bewusteloos

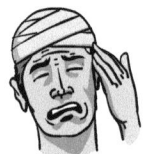

ቃንዛ

pijn

ጉድኣት

verwonding

ደም

bloeding

ማህረምቲ

hartaanval

ማህረምቲ

beroerte

ኣለርጂ

allergie

ሰዓል

hoest

ረስኒ

koorts

ኡንፍልወንዛ

griep

ውጽኣት

diarree

ቃንዛ ርእሲ

hoofdpijn

መንሽሮ

kanker

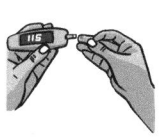

ሹኮርያ

diabetes

ሓኪም መጥባሕቲ

chirurg

መጥብሒ

scalpel

መጥባሕቲ

operatie

CT
·············
CT

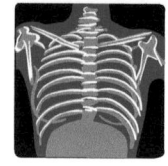

ራጂ
·············
röntgen

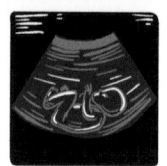

ልዕለ ድምጻዊ
·············
echografie

መሽፈኒ ገጽ
·············
gezichtsmasker

ሕማም
·············
ziekte

ክፍሊ ምጽባይ
·············
wachtkamer

ምርኩስ
·············
kruk

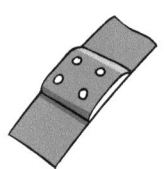

መጅነኒ ቁስሊ
·············
pleister

መጅነኒ
·············
verband

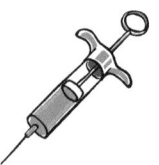

መርፍዕ ምውጋእ
·············
injectie

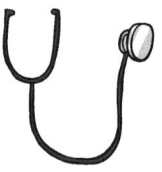

ስተቶስኮፕ
·············
stethoscoop

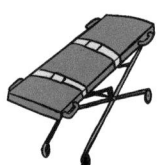

መሰከሚ ሕማም
·············
brancard

ቴርሞመተር
·············
thermometer

ትውልዲ
·············
geboorte

ልዕለ-ሚዛን
·············
overgewicht

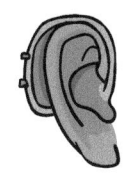

ሓገዝ ምስማዕ

gehoorapparaat

ኣንጻሂ

ontsmettingsmiddel

ልበዳ

infectie

ቫይረስ

virus

ኤድስ

HIV / AIDS

ሕክምና

medicijn

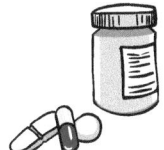

ክታበ

inenting

ክኒና

tabletten

ክኒና

pil

ህጹጽ ምድዋል

alarmnummer

መዕቀኒ ጸቕጢ ደም

bloeddrukmeter

ሕሙም / ጥዑይ

ziek / gezond

ሓገዝ

Help!

ኣላርም

alarm

ምህጃም

overval

መጥቃዕቲ

aanval

ድንገት

gevaar

ህጹጽ መውጽኢ

nooduitgang

ሓዊ!

Brand!

መጥፍኢ ሓዊ

brandblusser

ሓደጋ

ongeluk

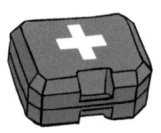

ሳንጣ ቀዳማይ ረድኤት

EHBO-koffer

SOS

SOS

ፖሊስ

politie

ኤውሮጳ
....
Europa

ሰሜን አመሪካ
....
Noord-Amerika

ደቡብ አመሪካ
....
Zuid-Amerika

አፍሪቃ
....
Afrika

ኤስያ
....
Azië

አውስትራልያ
....
Australië

አትላንቲክ
....
Atlantische Oceaan

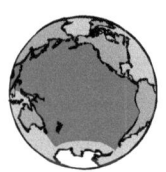

ፓሲፊክ
....
Stille Oceaan

ህንዳዊ ዉቅያኖስ
....
Indische Oceaan

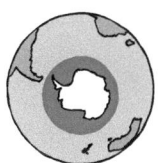

አንታርቲካዊ ዉቅያኖስ
....
Zuidelijke Oceaan

አርክቲካዊ ዉቅያኖስ
....
Noordelijke IJszee

ሰሜናዊ ዋልታ
....
Noordpool

ደቡባዊ ዋልታ

Zuidpool

አንታርቲካ

Antarctica

ምድሪ

aarde

መሬት

land

ባሕሪ

zee

ደሴት

eiland

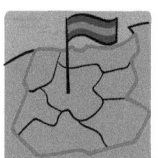

ሃገር

natie

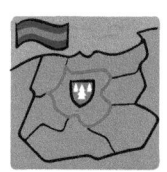

ዓዲ

staat

ገጽ ሰዓት

wijzerplaat

አመልካቲ ሰዓታት

uurwijzer

አመልካቲ ደቓይቕ

minutenwijzer

አመልካቲ ካልኢት

secondewijzer

ሰዓት ክንደይ አሎ?

Hoe laat is het?

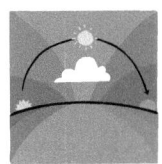

መዓልቲ

dag

ግዜ

tijd

ሕጂ

nu

ዲጂታል ሰዓት

digitaal horloge

ደቒቕ

minuut

ሰዓት

uur

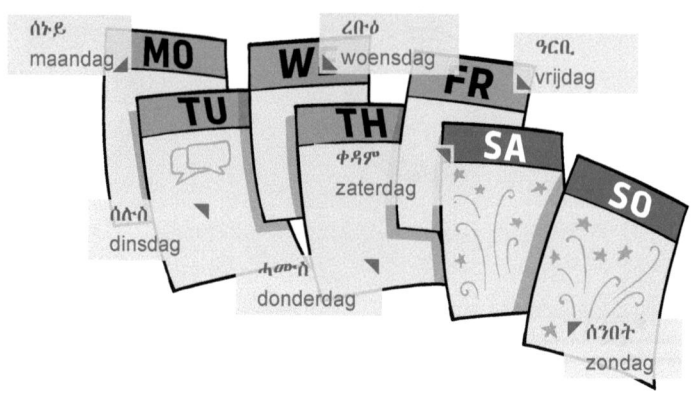

ሰኑይ maandag MO
ረቡዕ woensdag W
ዓርቢ vrijdag FR
TU
TH
ሰሉስ dinsdag
ቀዳም zaterdag SA
ሓሙስ donderdag
SO
ሰንበት zondag

ትማሊ
....
gisteren

ሎሚ
....
vandaag

ጽባሕ
....
morgen

ንጉሆ
....
ochtend

ቀትሪ
....
middag

ምሸት
....
avond

MO	TU	WE	TH	FR	SA	SU
1	2	3	4	5	6	7
8	9	10	11	12	13	14
15	16	17	18	19	20	21
22	23	24	25	26	27	28
29	30	31	1	2	3	4

መዓልታት ስራሕ
....
werkdagen

MO	TU	WE	TH	FR	SA	SU
1	2	3	4	5	6	7
8	9	10	11	12	13	14
15	16	17	18	19	20	21
22	23	24	25	26	27	28
29	30	31	1	2	3	4

መወዳእታ ሰሙን
....
weekend

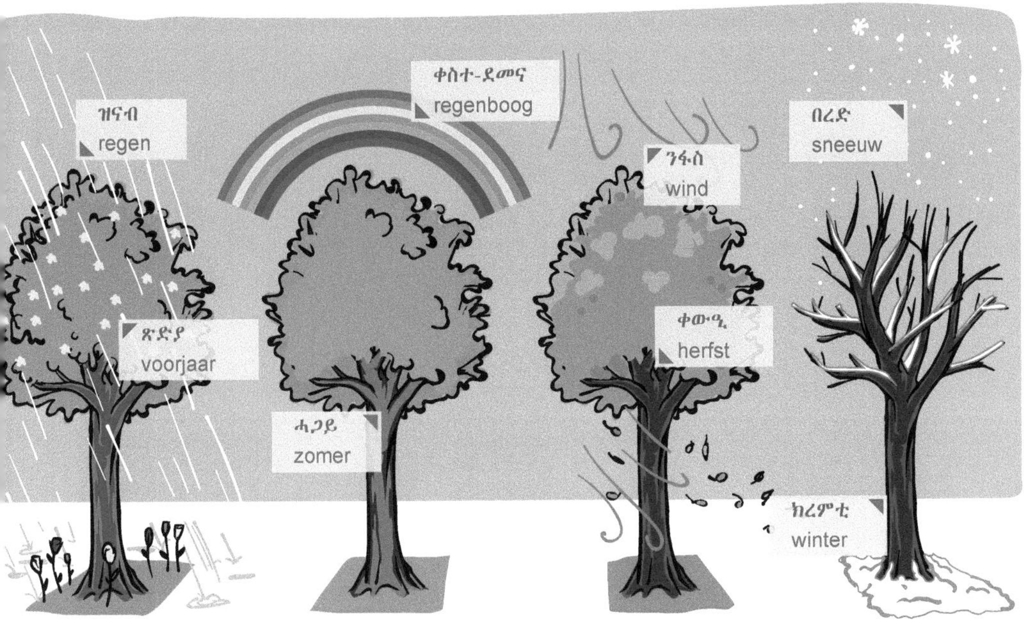
ዝናብ
regen
ቀስተ-ደመና
regenboog
ንፋስ
wind
በረድ
sneeuw
ጽድያ
voorjaar
ሓጋይ
zomer
ቀውዒ
herfst
ክረምቲ
winter

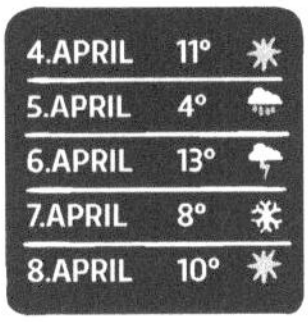
4.APRIL 11°
5.APRIL 4°
6.APRIL 13°
7.APRIL 8°
8.APRIL 10°

ትንቢት ኩነታት ኣየር

weerbericht

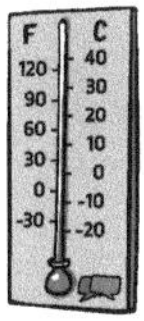
F C
120 40
90 30
60 20
30 10
0 0
-30 -10
-20

ቴርሞመተር

thermometer

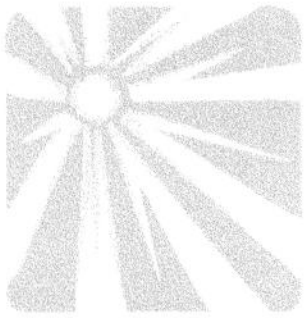

ብርሃን ጸሓይ

zonneschijn

ደበና

wolk

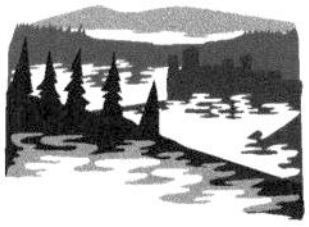

ግመ

mist

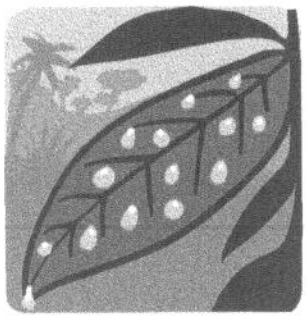

ጠሊ

luchtvochtigheid

ብርቂ

bliksem

ነጎዳ

donder

ህቦብላ

storm

በረድ

hagel

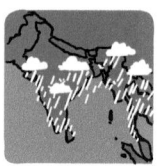

ብርቱዕ ህቦብላ

moesson

ውሕጅ

overstroming

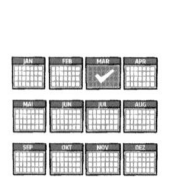

በረድ

ijs

ጥሪ

januari

ለካቲት

februari

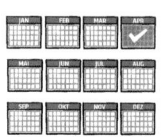

መጋቢት

maart

ሚያዝያ

april

ጉንበት

mei

ሰነ

juni

ሓምለ

juli

ነሓሰ

augustus

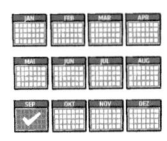

መስከረም
....
september

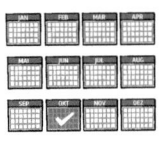

ጥቅምቲ
....
oktober

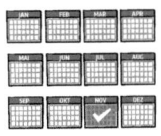

ሕዳር
....
november

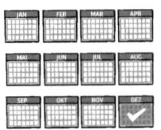

ታሕሳስ
....
december

ቅርጻታት

vormen

ዙርያ
....
cirkel

ትርብዒት
....
vierkant

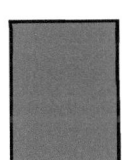

ቅኑዕ ርቡዕ ኩርናዕ
....
rechthoek

ስሉስ ኩርናዕ
....
driehoek

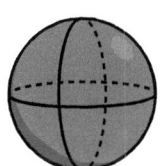

ክቢ
....
bol

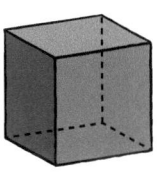

ኩቦ
....
kubus

ጻዕዳ

wit

ብጫ

geel

ኦራንቺ

oranje

ፒንክ

roze

ቀይሕ

rood

ጁኽ

paars

ሰማያዊ

blauw

ቀጠልያ

groen

ቡናዊ

bruin

ሓሙኽሽታይ

grijs

ጸሊም

zwart

ብዙሕ / ውሑድ

veel / weinig

ሕሩቕ / ሰላማዊ

boos / rustig

ጽቡቕ / ክፉእ

mooi / lelijk

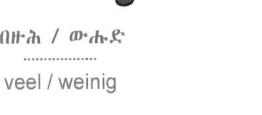

መጀመርያ / መወዳእታ

begin / einde

ዓቢ / ንእሽቶ

groot / klein

ብሩህ / ጸልማት

licht / donker

ሓው / ሓፍት

broer / zus

ጽሩይ / ርሳሕ

schoon / vies

ምሉእ / ዘይምሉእ

volledig / onvolledig

መዓልቲ / ለይቲ

dag/ nacht

ሙዊት / ህልው

dood / levend

ሰፊሕ / ጸቢብ

breed / smal

ደስ ዘበል / ደስ ዘይብል

eetbaar / oneetbaar

እኩይ / ሀያዋይ

gemeen / aardig

ርቡጽ / ስልኩይ

opgewonden / verveeld

ረጊድ / ቀጢን

dik / dun

ቀዳማይ / ናይ መወዳእታ

eerste / laatste

ዓርኪ / ጸላኢ

vriend / vijand

ምሉእ / ባዶ

vol / leeg

ተሪር / ልስሉስ

hard / zacht

ከቢድ / ፈኩስ

zwaar / licht

ጥምየት / ጽምየት

honger / dorst

ሕሙም / ጥዑይ

ziek / gezond

ዘይሕጋዊ / ሕጋዊ

illegaal / legaal

መስተውዓሊ / ስዲ

intelligent / dom

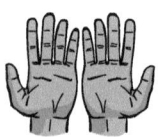

ጸጋም / የማን

links / rechts

ቐረባ / ርሑቕ

dichtbij / ver

ሓዲሽ / ብሉይ

nieuw / gebruikt

ዋላ ሓደ / ገለ

niets / iets

ዓቢ/ኣረጊት / መንእሰይ

oud / jong

ወልዕ / ኣጥፍእ

aan / uit

ክፉት / ዕጹው

open / gesloten

ህዱእ / ዓው

zacht / luid

ሃብታም / ድኻ

rijk / arm

ቅኑዕ / ግጉይ

goed / fout

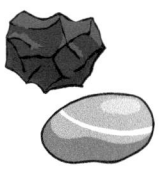

ሓርፋፍ / ልሙጽ

ruw / glad

ጉሁይ / ሕጉስ

verdrietig / gelukkig

ሓጺር / ነዊሕ

kort / lang

ቀስ / ቅልጡፍ

langzaam / snel

ጥሉል / ንቑጽ

nat / droog

ምዉቕ / ዝሑል

warm / koel

ውግእ / ሰላም

oorlog / vrede

getallen

0	**1**	**2**
ዜሮ	ሓደ	ክልተ
nul	één	twee
3	**4**	**5**
ሰለስተ	አርባዕተ	ሓሙሽተ
drie	vier	vijf
6	**7**	**8**
ሽዱሽተ	ሸውዓተ	ሸሞንተ
zes	zeven	acht
9	**10**	**11**
ትሽዓተ	ዓሰርተ	ዓሰርተ ሓደ
negen	tien	elf

12

ዓሰርተ ክልተ

twaalf

13

ዓሰርተ ሰለስተ

dertien

14

ዓሰርተ ኣርባዕተ

veertien

15

ዓሰርተ ሓሙሽተ

vijftien

16

ዓሰርተ ሽዱሽተ

zestien

17

ዓሰርተ ሸውዓተ

zeventien

18

ዓሰርተ ሸሞንተ

achttien

19

ዓሰርተ ትሽዓተ

negentien

20

ዕስራ

twintig

100

ሚእቲ

honderd

1.000

ሺሕ

duizend

1.000.000

ሚልዮን

miljoen

እንግሊዝኛ

Engels

አመሪካዊ እንግሊዛዊ

Amerikaans Engels

ቻይናዊ ማንዳሪን

Chinees Mandarijn

ሂንዳዊ

Hindi

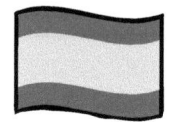

እስጳኛዊ

Spaans

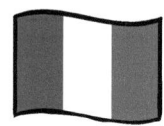

ፈረንሳዊ

Frans

ዓረባዊ

Arabisch

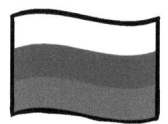

ሩሲያዊ

Russisch

ፖርቱጋላዊ

Portugees

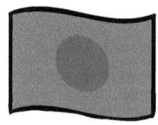

በንጋሊ

Bengalees

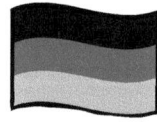

ጀርመናዊ

Duits

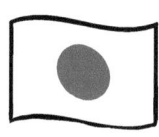

ጃፓናዊ

Japans

አነ

ik

ንስኻ/ኺ.

jij

ንሱ / ንሳ / ንሱ

hij / zij / het

ንሕና

wij

ንስኻ

jullie

ንሳቶም

zij

መን?

wie?

እንታይ?

wat?

ከመይ?

hoe?

ኣበይ?

waar?

መዓስ?

wanneer?

ሽም

naam

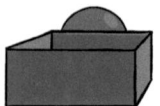

ድሕሪ

achter

ኣብ

in

ኣብ ቅድሚ

voor

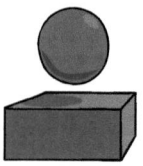

ኣብ ላዕሊ

boven

ኣብ ልዕሊ

op

ትሕቲ ምድሪ

onder

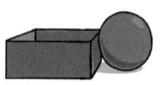

ኣብ ጥቓ

naast

ኣብ መንጎ

tussen

በታ

plaats